W0244371

Smalltalk

Ein Buch von: **Moritz Ingelhoff**

Originale Erstauflage

Alle Rechte, insbesondere Verwertung und Vertrieb der Texte, Tabellen und Grafiken, vorbehalten.

Copyright © 2019 by Cherry Media GmbH

Druck/Auslieferung:
Amazon.com oder eine Tochtergesellschaft

Taschenbuch POD:	978-3-96583-034-9
eBook:	978-3-96583-035-6
Taschenbuch:	978-3-96583-069-1
Hardcover:	978-3-96583-154-4

Impressum:

Cherry Media GmbH
Bräugasse 9
94469 Deggendorf
Deutschland

Smalltalk

Durch emotionale Intelligenz und Menschenkenntnis zu mehr Beliebtheit und Anerkennung + praxisnahes Kommunikationstraining für Beruf und Alltag

Ein Buch von:

Moritz Ingelhoff

Erschienen 2019

Inhaltsverzeichnis

- KAPITEL EINS -

Einleitung

SMALLTALK – EIN WORT, das wahrscheinlich jeder von uns schon einmal gehört hat. Doch was versteht man darunter eigentlich genau und warum ist es heutzutage besonders wichtig, Smalltalk zu beherrschen? Muss es wirklich immer das Gespräch über das Wetter sein, um mit jemand anderes ins Gespräch zu kommen? Oder ist ein Smalltalk nur dafür da, um peinliche Stille zu überbrücken und eine Fahrt im Taxi oder auch eine Unterhaltung während einer Cocktailparty zu meistern? Die Antwort auf all diese Fragen lautet nein, denn bei Smalltalk handelt es sich um eine besondere Kunstform der Unterhaltung, die uns Menschen dabei helfen kann, mit anderen uns wenig oder auch gar nicht vertrauten Personen in Kontakt zu treten und eine gemeinsame „Sprache" zu finden. Wenn du es schaffst, mit anderen Menschen ins Gespräch zu kommen, wirst du nicht nur viel mehr Spaß auf jeder Party haben oder auch beim Einkaufen nette Bekanntschaften machen, selbst berufliche Chancen werden dir nahezu mühelos zu fallen.

Doch warum ist das so?

Stelle dir einfach mal folgende Situation vor: du schlenderst gemeinsam mit deiner Familie durch die Stadt und triffst dabei zufällig auf deinen Vorgesetzten. Wie sollst du dich nur verhalten? Einfach so zu tun, als würdest du ihn nicht sehen, wäre unglaublich unhöflich und so bleibt dir nichts anderes übrig, als ein unverfängliches Gespräch zu führen. Dabei möchtest du natürlich einen möglichst guten Eindruck machen und nicht nervös oder auch uninteressiert wirken. Der eine oder andere Trick, der zu einem erfolgreichen Smalltalk führt, wäre hier nun die perfekte Lösung. Doch wie genau gelingt eine solche Unterhaltung und ist es auch Menschen, die absolut kein Talent für den Smalltalk zu haben scheinen möglich, diese Kunstform zu erlernen? Die gute Nachricht lautet ja und dieses Buch wird dir maßgeblich dabei helfen, auf deinem Weg zum Smalltalk Profi so richtig durchzustarten. Hier erfährst du, warum die Kunst des richtigen Smalltalks in unserer heutigen Gesellschaft ein besonders wichtiges Werkzeug darstellt und wie du sowohl private als auch berufliche Kontakte knüpfen kannst bzw. welche psychologischen Faktoren hierbei eine besonders große Rolle spielen.

Selbst wenn du bis jetzt noch der Meinung bist, dass du nie derjenige sein wirst, der einfach auf jeder Party auf die anderen Gäste zugeht und so richtig für Stimmung sorgt, wirst du innerhalb kürzester Zeit erlernen, wie du fremde Menschen im Handumdrehen in ein lockeres Gespräch verwickeln kannst und sich diese nicht nur innerhalb kürzester Zeit in deiner Nähe wohlfühlen, sondern auch eine tiefere Gesprächsebene schnell und auf unkomplizierte Weise erreicht werden kann. Smalltalk kann dir nämlich nicht nur dabei helfen, dich selbst sympathischer zu präsentieren und somit einfach zu überzeugen, in ungewohnten Situationen kann das richtige sprachliche Werkzeug zudem dafür sorgen, dass du deine Nervosität im Handumdrehen in den Griff bekommst und du nicht Gefahr läufst, angespannt zu reagieren.

Worauf willst du also noch warten: – starte mit dem richtigen Smalltalk-Werkzeug noch heute in eine erfolgreichere Zukunft und sorge dafür, dass sich die Menschen von nun an immer an dich erinnern werden.

- KAPITEL ZWEI -

Die Definition des Wortes Smalltalk

WENN ICH DICH NUN bitten würde, das Wort Smalltalk zu erklären und in einer kurzen Definition zusammenzufassen, was darunter eigentlich genau zu verstehen ist, wäre es dir möglich diesen Wunsch in die Tat umsetzen oder müsstest du erst mal damit beginnen zu überlegen, worum es bei dieser Form des Gesprächs eigentlich wirklich geht?

Den meisten Menschen wird es genauso ergehen und deshalb soll hier nun erstmal eine genaue Definition des Begriffs Smalltalk erfolgen.

Bei einem Smalltalk handelt es sich um eine Gesprächsform, die sehr gut mit den Begriffen Alltagsgespräch oder auch Plauderei umschrieben werden kann. In den meisten Fällen findet ein solcher absolut spontan statt, wodurch es schwierig ist, den gesamten Gesprächsverlauf im Vorhinein zu planen. Genau dieser Punkt ist es, der es für viele Menschen so schwierig macht, in einem Smalltalk zu überzeugen. Zudem zeichnet sich solches Gespräch ebenfalls dadurch aus, dass es spontan und locker geführt wird und nicht zu tief in private, gesellschaftliche oder auch berufliche Sphären vordringt.

Hierarchische Strukturen, die zwischen den Gesprächspartnern bestehen, fallen bei dem einem erfolgreichen Smalltalk meist nicht weiter ins Gewicht, auch wenn sie natürlich keinesfalls komplett außer Acht gelassen werden dürfen. Ansonsten könntest du riskieren, in ein Fettnäpfchen zu treten, wie wir später in diesem E-Book noch genauer erfahren werden.
Diese Form der Plauderei ist vor allem immer dann angebracht, wenn man eine Person zum Beispiel gerade erst neu kennenlernt und dabei spielt es keine Rolle, ob sich dieses Aufeinandertreffen in einer beruflichen oder privaten Situation ereignet. Aber auch am Anfang eines jeden erfolgreichen Geschäftsabschluss steht zumeist ein gekonnter Smalltalk.

Vergleicht man den Inhalt sachlicher und ungezwungen geführter Alltagsunterhaltungen miteinander, fällt sehr schnell auf, dass die unterschiedlichsten Themen zur Sprache gebracht werden und nicht nur das, denn der Inhalt des Gesprächs wechselt zumeist sehr schnell. Als besonders gelungener Smalltalk können solche Gespräche betrachtet werden, bei denen die Gesprächszeit der beteiligten Personen ungefähr die gleiche Länge beträgt. Es gibt jedoch noch weitere Gesprächsregeln, die sowohl beim Smalltalk, als auch bei anderen erfolgreichen Gesprächen durchaus ihre Berechtigung haben und somit einzuhalten sind. Diese beziehen sich zum einen auf die angesprochenen Themen bzw. die Sachverhalte, die es eher zu vermeiden gilt, um den Gesprächspartner bzw. die Gesprächspartner nicht in eine unangenehme Situation zu bringen, aber auch das Verhalten, wenn man gerade erst neu zu einer Gruppe dazu gestoßen ist, die sich bereits in einem Gespräch miteinander befinden oder dem Beginn, dem Hauptteil sowie der richtigen und stilvollen Beendigung eines Smalltalks.

Anhand welcher Merkmale lässt sich ein Smalltalk als solcher erkennen?
Eigenschaften, die einen Smalltalk als solchen kennzeichnen sind folgende:

- Die Sätze der beteiligten Personen werden meist relativ kurz gehalten und beziehen sich im besten Falle auf das Thema, das bereits zuvor im Gespräch behandelt wurde. Erst wenn dieses keinen weiteren Gesprächsstoff bietet oder einer der beteiligten Personen das gerade besprochene Thema als unangenehm empfindet, ist es angebracht das Thema auf geschickte Art und Weise zu wechseln, wobei es bestimmte Themen unbedingt zu vermeiden gilt.

- Gesprächspausen sind so kurz wie möglich zu halten, zeigen jedoch an, dass nun ein anderer Gesprächspartner das Wort ergreifen kann. Keinesfalls sollte man dazwischen sprechen, wenn gerade jemand etwas sagt, da die Unterbrechung einer aktuellen Unterhaltung bzw. eines Monologs als äußerst unhöflich gilt.

- Die beteiligten Personen sollten während eines Smalltalks immer wieder demonstrieren, dass sie dem aktuellen Gesprächspartner ihre volle Aufmerksamkeit schenken. Das gelingt am besten, indem man sowohl mit der Mimik, Gestik, als auch kleinen Zwischenbemerkungen zeigt, dass man dem Gespräch noch immer folgt.

- Ziel eines Smalltalks ist es zumeist, peinliches Schweigen zu vermeiden, zu einer Auflockerung der Atmosphäre beizutragen, einen gekonnten Einstieg zum gegenseitigen Kennenlernen zu ermöglichen oder auch eine gemeinsame „Sprache" zu schaffen, um auf eine tiefere Gesprächsebene zu gelangen und abzuklären, in welche Richtung das Gespräch gehen könnte.

Die Herkunft des Begriffs „Smalltalk"

Wenn du das Wort Smalltalk genauer ansiehst, wirst du sehr schnell herleiten können, dass es sich hierbei um eine englische Zusammensetzung aus den Wörtern Small, für klein und Talk für Gespräch handelt. Wortwörtlich übersetzt heißt Smalltalk also kleines Gespräch und das ist auch in vielen Fällen die perfekte Beschreibung dieser Gesprächsform. Beginnst du dich auf der Metaebene mit dem Thema Smalltalk zu beschäftigen wird dir sehr schnell auffallen, dass es hierbei sehr häufig vor allem um die große Kunst geht, möglichst viel zu reden, dabei jedoch wenig zu sagen. Hast du diese Kunst erst einmal richtig perfektioniert, wird es dir ganz einfach gelingen, ein Gespräch über einen längeren Zeitraum hinweg gekonnt am Laufen zu halten, ohne dabei auf eine tiefere Gesprächsebene vordringen zu müssen und damit das Risiko einzugehen, dass sich dein Gegenüber in deiner Anwesenheit unwohl fühlen könnte.

Tatsächlich handelt es sich bei dieser Kunst um eine Disziplin, die bereits während der gesellschaftlichen Rituale der europäischen Adelspaläste in der Renaissance erfunden und kultiviert wurde. Wollte man im 15. oder 16. Jahrhundert am Hof des Königs Eindruck machen und Kontakte knüpfen, kam man nicht umhin, mithilfe des richtigen Salongesprächs für Leichtigkeit zu sorgen und den anderen somit im Gedächtnis zu bleiben. Charme und Esprit wurden maßgeblich davon bestimmt, wie unterhaltsam man war und wie angenehm die Gesellschaft einer Person von den anderen empfunden wurde.

Sucht man nach dem eigentlichen Ursprung dieses Wortes wird man sehr schnell im alten Großbritannien des Jahres 1751 fündig. Zu dieser Zeit wurde der Begriff das erste Mal von dem britischen Politiker Philip Dormer Stanhope verwendet, denn dieser suchte ein geeignetes Synonym für den sogenannten „,chit-chat", das vor allem eine Form des Geschwätzes beschreibt. Stanhope erhielt von seinem Vater Ratschläge, wie er es schaffen könnte, nicht nur beruflich sondern auch privat mit den richtigen Umgangsformen und Gesprächsthemen voranzukommen und das Zauberwort hieß Smalltalk.

Warum Smalltalk in der heutigen Zeit immer wichtiger wird

Wie Oscar Wilde einmal sagte, zeichnet sich ein gut geführtes Gespräch dadurch aus: „Alles zu berühren und nichts zu vertiefen", und das gilt vor allem für einen gelungenen Smalltalk. Hast du diese Kunst erst einmal erlernt, wird es dir von nun an leichter fallen, peinliche Situationen, in denen unangenehme Stille entsteht, besser zu meistern und sowohl privat als auch beruflich völlig neue Chancen ergreifen zu können. Damit das aber auch wirklich so ist, gilt es die hohe Kunst des Smalltalks zu erlernen und das wird für dich vielleicht nicht immer ganz einfach sein. Wie wir nämlich wissen, ist es vor allem Übung, die den Meister macht und richtig plaudern zu lernen erfordert häufig, die gewohnte Komfortzone zu verlassen und sich stattdessen immer wieder neuen Herausforderungen zu stellen. Dabei kann es durchaus passieren, dass du dich in der ein oder anderen Situation unwohl fühlst, doch das sollte noch lange kein Grund dafür sein, nicht weiter zu versuchen, besser zu werden und auf diese Weise dafür zu sorgen, dass sich völlig neue Türen für dich öffnen werden. Ein gekonnter Smalltalk zeigt sich in vielen Fällen nämlich vor allem daran, wenn du es schaffst, altbekannte Themen wie das Wetter oder auch das Essen außen vor zu lassen und stattdessen kreativere und überraschende Gesprächseinstiege zu wählen.

Wählst du hingegen den leichteren Weg und entschließt dich dazu, die passive Rolle einzunehmen, wirst du es kaum schaffen, mehr Sympathien von Menschen auf Anhieb für dich zu gewinnen. Das ist vor allem in der heutigen Zeit eine Verhaltensweise, die dir auf Dauer zahlreiche tolle Chancen vermiesen kann, denn wie wir alle wissen gibt es nur eine Möglichkeit, einen guten ersten Eindruck zu hinterlassen und ein guter Smalltalk trägt in 99% der Fälle maßgeblich zu einem solchen bei.

Smalltalk ist jedoch um einiges mehr, als nur einfaches Gerede, denn auch wenn du möglichst nichts viel sagst, kann dir bereits ein solches kurzes Gespräch Wege eröffnen, die du ansonsten nie einschlagen hättest können und daher ist die Macht des Smalltalks keinesfalls zu unterschätzen.

Stelle dir zum Beispiel folgende Situation vor: Du nimmst an einem Bankett deiner Firma teil und weißt bereits im Vorhinein, dass du hier auf deine Vorgesetzten bzw. auch einige Kollegen treffen wirst, mit denen du noch nicht besonders gut bekannt bist. Eine solche Situation kannst du nun als absolut lästige Pflicht wahrnehmen und dir eine Ausrede überlegen, um gar nicht hingehen zu müssen oder darüber nachdenken, wie du das ganze einfach möglichst schnell und schmerzfrei hinter dich bringen kannst. Genau das wirst du dann aber wahrscheinlich auch ausstrahlen und keiner deiner Kollegen bzw. Vorgesetzten wird nur im Entferntesten auf die Idee kommen, auf dich zu zugehen und mit dir ein Gespräch zu beginnen.

Eine andere Möglichkeit wäre es, dieses Bankett als die Chance zu sehen, dass es in Wahrheit auch darstellt und darüber nachzudenken, welchen geschickten Gesprächseinstieg du zum Beispiel wählen könntest, wenn du zufällig mit deinem Chef vor dem Buffet zum Stehen kommst oder du gezielt auf diesen zugehst, um das Gespräch zu suchen. Bei der zweiten Variante wird dir mit hoher Wahrscheinlichkeit genau das gelingen und auch wenn es in einer ganz anderen Situation sein sollte und du zum Beispiel in einer Runde mit deinem Chef zum stehen kommst, wirst du es mit den richtigen Smalltalkfähigkeiten ganz einfach schaffen, diesen von dir zu überzeugen. Bei der nächsten Gehaltsverhandlung, Beförderung oder auch bei einem interessanten Projekt, für welches deine Firmen ein neues Team zusammenstellt, wird dein Vorgesetzter sich dank einem tollen Gespräch höchstwahrscheinlich viel schneller an deinen Namen erinnern kön-

nen. Dem nächsten großen Karriereschritt steht somit nichts mehr im Wege.
Ein Ausflug in die Wissenschaft – selbst in Studien wurde die Wirkung eines gekonnten Smalltalks bewiesen.

Doch was passiert eigentlich genau, wenn man es nicht schafft, die richtigen Werkzeuge zu erlernen, um einen Smalltalk zu führen? Vor allem die beruflichen Auswirkungen können im Extremfall geschäftsschädigend sein, wie eine Studie der Uni in Bochum wissenschaftlich nachweisen konnte. Da Menschen deutscher Herkunft dafür bekannt sind, Aufträge zeitgemäß und vor allem gewissenhaft zu erledigen, jedoch die nette Plauderei zwischendurch angeblich nicht gerade besonders beherrschen, entgehen deutschen Firmen Jahr für Jahr zahlreiche Aufträge mit ausländischen Partnern. Häufig wird hierfür als Grund angegeben, dass die Chemie einfach nicht stimmt und man daher auch keine Geschäfte miteinander abschließen möchte. Oft wird dieses Argument auch nach dem ersten Date genannt, wenn sich einer der beiden nicht mehr auf ein zweites Treffen einlassen möchte.
In einer weiteren Studie der Universitäten British Columbia und Cambridge, die 2015 veröffentlicht wurde hat sich gezeigt, dass Menschen, die einem kleinen Gespräch zwischendurch nicht abgeneigt sind, weniger gestresst durch den Alltag gehen und zudem mehr Kontakte zu anderen knüpfen können. Somit scheint der Smalltalk nicht nur für unsere Außenwirkung von entscheidender Bedeutung zu sein, auch die menschliche Psyche ist ausgeglichener bzw. gesünder, wenn man zwischendurch mit jemanden über ganz alltägliche Dinge reden kann und einfach ein nettes Gespräch ohne tieferen Sinn zwischen zwei oder mehreren Menschen entsteht.
Das liegt vor allem daran, dass wir Menschen in erster Linie soziale Wesen sind und immer wieder danach trachten, zu einer Gruppe zu gehören, uns eingebunden zu fühlen oder auch einfach nur beachtet zu werden. Es handelt sich hierbei um ein ganz normales Grundbedürfnis und erst wenn dieses wirklich gestillt ist, fühlen wir uns rundum wohl.

- KAPITEL DREI -

Mit den richtigen Tipps zum Smalltalk-Profi – Mit diesem Buch gelingt es dir bestimmt

WIR HABEN NUN BEREITS einiges über das Thema Smalltalk erfahren und eventuell hast du dich ja bereits früher mit diesem interessanten und vor allem vielschichtigen Bereich der Gesprächsführung auseinandergesetzt. Nun stellst du dir vielleicht die Frage, wie dir genau dieses Buch dabei helfen kann, endlich die Smalltalk-Fähigkeiten zu erlernen, die dich im Leben wirklich weiterbringen und nicht mehr nur dabei zusehen zu müssen, wie andere auf der beruflichen und privaten Erfolgsleiter an dir vorbei immer weiter nach oben klettern. Ganz einfach, unsere Tricks und Tipps in Sachen Smalltalk liefern dir gezielte Schritt für Schritt- Anweisungen, die dir dabei helfen werden, im Handumdrehen jeden Menschen von deinen Qualitäten und deiner Ausstrahlung überzeugen zu können. Dabei werden wir uns zunächst dem Thema Selbstsicherheit widmen, denn auch wenn du es vielleicht nicht glauben wirst, erst wenn du dich selbst so akzeptierst und dich gut findest, wie du bist, gibst du auch anderen Menschen die Möglichkeit, dies zu tun.

Des Weiteren zeigen wir dir wie du mit der richtigen Körpersprache, der richtig gewählten Kleidung und den richtigen Themen beim Smalltalk ganz sicher überzeugst. Da ein richtig geführter Smalltalk vor allem auch beim Flirten ein entscheidender Vorteil sein kann, wird auch dieser Punkt genauer beleuchtet.

Ein besonders heikles Thema stellt meist die Beendigung eines Smalltalks dar. Wie du jedoch auch diese Herde meisterst, werden wir dir anhand verschiedener Möglichkeiten und Beispiel ganz einfach erklären. Am Ende des Buches findest du die wichtigsten Erfolgsstrategien auf dem Weg zum echten Smalltalk-Profi perfekt zusammengefasst und den Abschluss stellt schließlich ein sehr umfassendes Smalltalk-ABC dar, in dem du die wichtigsten Begriffe noch einmal nachlesen kannst. Worauf also noch warten – jetzt geht‘s los!

Auf dem Weg zum Profi – Dein ist-Zustand beim Smalltalk

Vielleicht bist du ein Mensch, der von sich selbst denkt, dass er doch eigentlich ganz gut darin ist, sich mit fremden Personen zu unterhalten und selbst die schwierigsten Gesprächssituationen ohne weiteres zu meistern, möchtest diese Fähigkeiten jedoch noch weiter ausbauen, um endlich den Job angeboten zu bekommen oder beim Flirten so richtig zu überzeugen. Oder aber du weißt bereits, dass Smalltalk absolut nicht deine Stärke ist und hast nun den Mut aufgebracht, dich endlich weiterzuentwickeln und die notwendigen Fähigkeiten zu erlernen, um deine Unsicherheit in den Griff zu bekommen. So oder so wird das Lesen dieses Buches maßgeblich dazu beitragen, dass du deine Ziele endlich erreichen kannst und du keine Unsicherheit mehr zulässt, wenn es Zeit wird um mit anderen Menschen Kontakt aufzunehmen.

Zunächst ist es jedoch wichtig, ehrlich zu dir selbst zu sein und herauszufinden, wie deine aktuellen Smalltalkfähigkeiten wirklich aussehen. Versuche dabei unbedingt so wahrheitsgemäß wie möglich folgende Fragen zu beantworten und du wirst dich bzw. deine Rede Fähigkeiten besser einzuschätzen wissen:

- Wie leicht kommst du mit fremden Menschen ins Gespräch?

- Wie oft nutzt du aktiv die Möglichkeit, jemanden neues kennenzulernen oder vermeidest du solche Situationen eher von Haus aus?

- Bleibst du andere Menschen generell in Gedächtnis, wenn sie dich einmal kennengelernt haben oder gehörst du zu denjenigen, die sich immer wieder neu vorstellen müssen?

- Bist du jemand, der aktiv das Gespräch beginnt oder ist es doch immer der andere bzw. lässt du immer den anderen beim Gesprächseinstieg den Vortritt?

- Wenn du eine neue Person kennenlernst, wie stellst du dich dieser vor und auf welche Fähigkeiten, Eigenschaften oder auch Persönlichkeitsmerkmale legst du hierbei besonders viel Wert?

- Näherst du dich lieber einer einzelnen Person und sprichst sie an oder hast du auch kein Problem damit, dich in einer ganzen fremden Gesprächsrunde einzubringen?

Wenn du dich dazu entschieden hast, dieses Buch zu lesen, wirst du bei der Beantwortung der Fragen höchstwahrscheinlich bereits feststellen, welche Punkte dir hierbei besonders viel Schwierigkeiten bereiten und häufig werden es sogar alle sein. Das ist jedoch kein Problem, denn die Tipps und Tricks, die du bei uns hier findest, werden dir dabei helfen, dass auch du schon bald zum echten Smalltalk-Experten wirst.

Smalltalk im Alltag – eine unverzichtbare Fähigkeit

Egal ob beim Becker, im Fahrstuhl oder auch am Gartenzaun mit den Nachbarn, es ist erstaunlich wie oft wir es anscheinend schaffen, uns mit fremden oder uns weniger bekannten Personen übers Wetter zu unterhalten. Doch warum ist das eigentlich so? Wir Menschen scheinen nicht dafür gemacht zu sein, einfach ruhig nebeneinander zu stehen und nichts zu sagen. In den meisten Fällen fällt es uns sogar viel leichter, mit uns bekannten Personen ein paar Minuten schweigend zu verbringen, während die gleiche Stille mit fremden Personen einfach nur unangenehm wirkt und man so schnell wie möglich aus der jeweiligen Situation austreten möchte. Genau für solche Situationen wurde also der Smalltalk erfunden und es scheint sich hierbei um eine Art Grundbedürfnis zu handeln, mit dem dafür gesorgt wird, dass man sich selbst und auch die andere Person in der Situation wohler fühlt.

In der Psychologie geht man mittlerweile davon aus, dass dieses erste Herantasten an eine andere Person oder auch ein anderes Wesen evolutionsbedingt ist, da man auf diese Weise möglichst schnell herausfinden konnte, ob einem das Gegenüber freundlich gesinnt ist oder einen doch einfach fressen möchte.
Zwar ist dies nicht immer der Fall, dennoch kann ein gekonnter Smalltalk zur rechten Zeit vor allem in der heutigen Zeit sehr häufig ausschlaggebend für die berufliche Karriere oder auch für das

private Glück sein. Mit einem gekonnten Smalltalk schaffen wir es nämlich in vielen Fällen, das Gegenüber von uns zu überzeugen und uns gleichzeitig besser auf den anderen einstellen zu können. So kann dieses kurze, gekonnte Gespräch am Anfang einer Begegnung als eine Art Annäherung gesehen werden, bei der man ganz einfach versucht, auf die gleiche Wellenlänge mit der anderen Person zu kommen und auf diese Weise eine Beziehung zueinander herzustellen. Wird diese wichtige Phase des Kennenlernens und des sich Abtastens hingegen übersprungen, kann es ganz leicht passieren, dass eine unterschiedliche Erwartungshaltung bei den Gesprächspartnern besteht und man einfach nicht die gleiche Sprache zu sprechen scheint. Hier ein praktisches Beispiel:

Du hast gerade begonnen, in einer neuen Firma zu arbeiten und nimmst das erste Mal an einem Empfang der Firmenleitung teil. Viele Kollegen kennst du bis jetzt nur vom Sehen und du versuchst mit ihnen in Kontakt zu treten und dich möglichst sympathisch zu verkaufen. Schließlich siehst du ein bekanntes Gesicht, das bereits in der Runde mit anderen Mitarbeitern zusammensteht und du beschließt, dich mit einem Glas Wein dazuzugesellen. Dort angekommen versuchst du mit dem Herrn, der im Büro gegenüber von dir sitzt ein paar nette Worte zu wechseln, als plötzlich ein anderer Mitarbeiter zu euch dazu stößt und beginnt, über zwei andere Kollegen herzuziehen. Diese beiden kennst du jedoch überhaupt noch nicht und du hast auch keine Chance, dich bei dem anderen Kollegen vorzustellen. Nun wirst du dich alles andere als wohlfühlen, denn du und deine Kollegen, verfügen noch nicht über den gleichen Wissensstand. Während du deine Kollegen zunächst einfach nur kennenlernen möchtest, stehst du nun daneben und kannst ausschließlich zuhören. In einer solchen Situation oder vielleicht ähnlichen Situation wirst du dich alles andere als wohlfühlen und du kannst davon ausgehen, dass der Kollege, der zu eurer Unterhaltung dazugekommen ist, alles andere als ein Smalltalk Profi ist.

Natürlich kann ein Smalltalk auch perfekt dafür geeignet sein, um sich schnell ins richtige Licht zu rücken bzw. das Gespräch auf ein Thema zu lenken, dass einem gerade besonders wichtig erscheint. Auf diese

Weise ist es möglich, bereits am Gesprächsanfang einen Nutzen aus der Situation zu ziehen, was zum Beispiel bei Geschäftsverhandlungen mit fremden Personen dazu beitragen kann, dass diese genau so verhalten wird, wie man sich das vorgestellt hat. Vor allem im asiatischen Raum ist es üblich, dass sich Menschen zunächst genau kennenlernen müssen und es mehrere Smalltalks benötigt, bevor Geschäfte miteinander abgeschlossen werden. Auf diese Weise wird ein Vertrauensverhältnis zueinander aufgebaut und etwaige Fettnäpfchen oder Missverständnissen werden so in den meisten Fällen erfolgreich verhindert.

Aber du solltest nicht denken, dass Smalltalk nur im Berufsleben der entscheidende Schlüssel zum Erfolg ist, auch im Aufbau private Beziehungen spielt dieser eine besonders wichtige Rolle. Vor allem heutzutage, wo uns dank dem Internet anscheinend unzählige Möglichkeiten zur Verfügung scheinen stehen, um einem potentiellen Partner zu treffen oder einfach einer interessanten Person ins Gespräch zu kommen kann es einer der entscheidenden Vorteil sein, bereits beim ersten Gespräch die richtigen Worte zu finden und mit Charme zu überzeugen. Was auch immer deine Intention sein mag, Smalltalk wird in nahezu jeder Lebenssituation gebraucht.

Selbstsicherheit als Schlüsselfaktor zum erfolgreichen Gespräch

Vielleicht fragst du dich gerade, warum genau Selbstsicherheit den ersten wichtigen Schritt auf dem Weg zu einem Smalltalk-Profi darstellt. Ganz einfach: Selbstsicherheit hilft uns dabei, uns und unsere Fähigkeiten besser einschätzen zu können und auf diese Weise empathisch auf unser Gegenüber zu reagieren. Hierbei ist es wichtig, zunächst die Begriffe Selbstbewusstsein und Selbstsicherheit nicht miteinander zu verwechseln. Zwar sind diese eng miteinander verknüpft, allerdings heißt Selbstbewusstsein an und für sich nur, dass du von deinen eigenen Fähigkeiten überzeugt bist und du deinen Wert als Person genau kennst. Das wirkt sich natürlich auch darauf aus, wie du auf andere Menschen zugehst. Wir alle kennen aber auch Personen, die so viel Selbstbewusstsein mitbringen, dass sie bereits arrogant sind und somit alles andere als sympathisch wirken. Selbstsicherheit hingegen heißt, dass du nicht nur über deine positiven Eigenschaften bestens Bescheid weißt, sondern auch deine Schwächen kennst, allerdings positiv mit diesen umzugehen in der Lage bist. Genau hierbei handelt es sich um einen ganz wichtigen Punkt, denn nur dann, wenn du wirklich selbstsicher bist und dich gut kennst, wirst du auch auf andere Menschen natürlich und authentisch wirken. Bereits im ersten Gespräch kann es sich hierbei um einen entscheidenden Faktor handeln, ob sich die andere Person dir gegenüber öffnen kann und ihr somit auf eine gemeinsame Gesprächsebene kommt oder nicht. Es spielt jedoch keine Rolle, ob du etwas schüchtern bist, denn auch hierbei kann es sich um eine sympathische Schwäche handeln, die du in einem Gespräch ganz einfach zu deinem Vorteil nutzen kannst, indem du zum Beispiel zugibst, etwas aufgeregt zu sein und somit vielleicht auch deinem Gegenüber die Anspannung nimmst.

Falls du sehr unsicher sein solltest und aus diesem Grund nicht dazu in der Lage bist, auf andere Menschen zuzugehen und mit diesen ins Gespräch zu kommen, ist es wichtig zunächst an deinem Selbstwertgefühl zu arbeiten und dieses zu steigern, bevor du den nächsten Kapiteln in diesem Buch deine Aufmerksamkeit schenkst. Ein besonders guter Weg, um dies zu tun, ist es die eigene Komfortzone Schritt für Schritt zu verlassen und auf diese Weise die eigene Selbstsicherheit zu stärken. Gelingt dir nämlich plötzlich ein Projekt oder kannst du eine Situation meistern, die du dir zuvor nicht zugetraut hast, so wirst du Schritt für Schritt lernen, dich selbst so anzunehmen, wie du bist und sogar stolz darauf sein. Das spürt dann natürlich auch dein Gegenüber und einer offenen Kommunikationsebene steht nahezu nichts mehr im Wege. Begebe dich also einfach immer wieder in Situationen, die dir zunächst unangenehm erscheinen. Dabei ist es egal, ob es sich um eine kleine Plauscherei mit der Bäckerin deines Stammcafés handelt oder du beim nächsten Karaoke Abend mit deinen Freunden wie ganz selbstverständlich ein Lied zum Besten gibst. In der Summe werden es die kleinen Gesten sein, die dazu führen, dass du immer mutiger wirst.

Natürlich kann es sich hierbei vor allem bei sehr schüchternen Menschen um eine große Herausforderung handeln, aber bitte glaube mir, jedes Mal, wenn du wieder einen Schritt nach vorne machst, wirst du merken, wie dein Selbstwertgefühl wächst und du immer sicherer wirst.

Nun folgen 12 weitere Tipps und Übungen, die dir dabei helfen, deine Selbstsicherheit zu steigern und auf diese Weise den ersten wichtigen Schritt auf dem Weg zum Small Talk-Profi zu meistern.

- KAPITEL VIER -

Endlich mehr Selbstsicherheit – mit diesen 12 Tipps und Übungen kannst auch du es endlich schaffen

Tipp 1.: Achte bewusst auf deine Körperhaltung

VOR ALLEM WENN WIR in Situationen geraten, in denen wir uns eigentlich unwohl fühlen und die völlig neu für uns sind neigen wir dazu, die Schultern nach vorne zu ziehen, den Kopf zu senken und schauen schüchtern in die Runde, da wir uns am liebsten verstecken würden. Wenn es auch dir so geht, dann strahlst du in solchen Momenten natürlich absolut keine Selbstsicherheit aus und du wirst dich auch nicht gerade stark fühlen. In vielen Fällen reicht es dann jedoch aus, sich gezielt aufzurichten und aufmerksam in die Runde zu schauen, schon wird nicht nur deine Selbstwahrnehmung besser werden, auch deine Ausstrahlung auf andere verbessert sich schlagartig. Andere Menschen werden sich somit eher trauen, dich anzusprechen. Nimm also die Schultern ganz nach hinten und lasse sie leicht nach unten fallen, während dein Blick nach vorne gerichtet ist. Auch beim Gehen solltest du darauf achten, starke Schritte zu machen, Selbstbewusstsein auszustrahlen und keinesfalls ängstlich zu erscheinen. Für einen Start zum Smalltalk ist es daher überaus wichtig, immer wieder auf die eigene Körperhaltung Acht zu geben und diese etwas zu korrigieren, wenn es nötig ist.

Tipp 2.: Lerne dich selbst kennen, bevor du dich auf die anderen konzentrierst

Selbstsicherheit bedeutet dem eigentlichen Wortsinn zufolge nichts anderes, als seiner selbst sicherer zu sein und das ist auch der Grund, warum du dich zunächst selbst kennenlernen und möglichst viel über dich selbst erfahren solltest, um zu wissen, wie du in den verschiedenen Situationen reagierst und wie du diese besser meistern kannst. Zu diesem Zweck stehen dir verschiedene Möglichkeiten zur Verfügung.

• Mache dich zunächst mit deinen Stärken und Schwächen vertraut, indem du diese aufschreibst. Hierbei ist es wichtig besonders darauf zu achten, dass die Stärken zumindest so viel Raum einnehmen sollten, wie deine Schwächen.

• Sollten dir selbst nicht genug Stärken einfallen, so lass dir einfach von Freunden oder engstehenden Familienmitgliedern dabei helfen und frage sie, welche Sachen du besonders gut kannst und warum sie gerne Zeit mit dir verbringen. Dies zu hören wird maßgeblich dazu beitragen, dass du dich wohler mit dir selbst fühlst.

• Schreibe alle Dinge auf, die du in deinem Leben bereits erreicht bzw. erinnere dich an schwere Situationen, die du gemeistert hast, obwohl du zunächst gedacht hast, dass du es bestimmt nicht schaffen wirst. Vielleicht warst du ja sogar bereits in einer sehr schwierigen Smalltalk - Situation, die du dennoch erfolgreich hinter dich bringen konntest. Auch solche Situationen sollten auf die Liste.

• Versuche herauszufinden, warum du in gewissen Situationen einfach immer nervös reagierst und welche dies genau sind. Diese Analyse würde dabei helfen, die Situation besser einschätzen zu können und dich bereits im Vorhinein auf solche vorbereiten zu können.

• Freunde dich mit dem Gedanken an, dass einfach immer neue Situationen auf dich zukommen werden und dass du diese so gut meistern wirst, wie du kannst. Vor allem am Anfang kann es passieren, dass die ersten Smalltalk-Versuche so richtig in die Hose gehen, doch das ist überhaupt nicht weiter schlimm. Wie wir bereits gehört haben, kommt es darauf an, zu üben und somit zu verbessern und diese Tatsache solltest du dir immer vor Augen halten.

Tipp 3.: Hör auf, dich nur auf dich und deine vermeintlichen Schwächen zu konzentrieren

Viele Menschen neigen dazu, sich einfach immer wieder selbst schlecht zu machen und beim Kennenlernen anderer Personen ebenfalls sofort die eigenen Unzulänglichkeiten auf dem Gesprächstablett zu servieren. Wenn auch du zu diesen Menschen gehörst, wird das natürlich dazu führen, dass du dich wirklich nur auf deine vermeintlich schlechten Eigenschaften konzentrierst und du dir selbst gar keine

Chance gibst, dich von deiner besten Seite zu zeigen. Um dieses Problem zu lösen, kannst du einfach damit beginnen, dich mehr um die Bedürfnisse und die Wünsche anderer Menschen zu konzentrieren. Auf diese Weise lenkst du den Fokus auf ganz natürliche Weise auf etwas Wichtigeres und das Gefühl, jemandem zu helfen, wird zusätzlich dazu beitragen, dass du dich selbstsicherer fühlst. Solltest du dich zum Beispiel dazu entschließen, von nun an in einem Obdachlosenasyl Essen auszuteilen oder einfach von Zeit zu Zeit deiner älteren Nachbarin bei den Einkäufen helfen, so werden dir auch in diesen Situationen Menschen begegnen, mit deren Hilfe du deine Smalltalk-Fähigkeiten weiter verbessern kannst.

Tipp 4.: Umgib dich mit Menschen, die dir gut tun und dich stärken

Es gibt einige Menschen, die glauben, dass sie noch schwächer wirken, wenn sie sich mit besonders selbstsicheren und erfolgreichen Menschen umgeben. Hierbei handelt es sich jedoch um einen ganz klassischen Denkfehler, denn in Wahrheit ist das Gegenteil der Fall. Hast du ein starkes Umfeld um dich, so wird dich ihr Erfolg und ihr Charisma nicht nur dazu anstiften, selbst offen auf andere zuzugehen, sie können dir zudem mit Rat und Tat zur Seite stehen, wenn du einmal in eine Situation gekommen sein solltest, in der du unsicher bist oder einfach nicht weiter weißt. Es ist daher empfehlenswert in deinem Umfeld gezielt nach Persönlichkeiten Ausschau zu halten, die all diese Eigenschaften erfüllen und dich zudem unterstützen bzw. dir Mut machen, deinen eigenen Weg zu gehen. Von Freunden, die dich hingegen immer nur kritisieren und dafür sorgen, dass du dich schlechter fühlst, gilt es sich von nun an dringend fernzuhalten. Personen, die immer nur jammern und sich im Selbstmitleid suhlen, sind ebenfalls zu meiden. Diese schaffen es nämlich im Normalfall alle Probleme bei einer anderen Person zum Beispiel bei dir abzuladen um sich dann besser zu fühlen, während du gar nicht mehr weißt, was du nun mit dem restlichen Tag und der vielen schlechten Energie anfangen sollst.

Tipp 5.: Achte gut auf dich

Selbstsicherheit hat eine Menge damit zu tun, wie gut du dich wirklich selbst um dich kümmerst und wie achtsam du mit dir umgehst. Natürlich gibt es immer wieder Situationen, die uns etwas unangenehm erscheinen, wie wir etwas später noch genauer erfahren werden. Gute Ernährung, regelmäßiger Sport und die ein oder andere Belohnung für dich selbst zwischendurch werden jedoch dafür sorgen, dass du auf ganz natürliche Weise dein Selbstwertgefühl steigern kannst und dies auch schon sehr bald andere wahrnehmen.

Tipp 6.: Der innere Kritiker hat von nun an Sendepause

Falls du ebenfalls ein Mensch bist, der sich in Gedanken selbst immer wieder vor sagt, wie schlecht man doch eigentlich ist, dann solltest du von nun an dringend damit aufhören. Macht dir bewusst, dass du selbst für deine Gedanken verantwortlich bist und sorge zum Beispiel mithilfe von Meditationsübungen oder auch autogenen Training dafür, dass du von nun an die richtigen Worte findest, um deinem inneren Kritiker endlich den Mund zu verbieten.

Tipp 7.: ein Lächeln kann Berge versetzen

Die nächste Übung ist so einfach, dass du es kaum glauben wirst, dass sie wirklich funktioniert, doch so ist es. Das nächste Mal, wenn du dich in einer schwierigen Situation befinden solltest, versuche einfach zu lächeln. Dies gelingt am besten, wenn du dich an eine bestimmte Situation zurückerinnerst, die dich besonders glücklich gemacht hat und die du dir bereits im Vorhinein zurechtgelegt hast. Auf diese Weise wird nicht nur deine Ausstrahlung von einem Schlag auf den anderen immens verbessert, auch du selbst wirst dich erstaunlicher Weise schon nach wenigen Sekunden besser fühlen und plötzlich wird es dir überhaupt nicht mehr schwer fallen, von nun an weiter zu lächeln.

Tipp 8.: Stelle dich Herausforderungen und meistere diese

Ein weiterer toller Trick, um das eigene Selbstwertgefühl zu steigern, ist folgender: Beginne noch heute damit, dir ein Projekt zu suchen, dass du schon immer angehen wolltest, dich jedoch irgendwie nicht getraut hast oder einfach die richtige Zeit noch nicht da war. Überwinde dich und lege einfach los, wobei das große Ziel darin besteht, die Herausforderung auch wirklich zu meistern und keinesfalls abzubrechen. Du wirst erstaunt sein, was du alles schaffen kannst, wenn du dir wirklich ein Ziel gesetzt hast. Solltest du dich selbst bereits sehr gut kennen und genau wissen, dass du dazu neigst, Dinge nicht zu Ende zu bringen, dann halte dein Ziel schriftlich fest und lege das Blatt Papier an einen Ort, an dem du es jeden Tag siehst. Hast du dein Projekt erst mal gemeistert, wirst du unglaublich stolz auf dich sein und hast vielleicht sogar eine interessante Geschichte parat, die dir beim nächsten Smalltalk den perfekten Gesprächseinstieg erleichtert.

Tipp 9.: Träume müssen nicht unbedingt Schäume sein

Auch unsere Wünsche und Lebensräume können maßgeblich dazu beitragen, dass wir uns selbst besser kennenlernen und so auf ganz natürliche Art und Weise an Selbstsicherheit gewinnen. Versuche unbedingt herauszufinden, was du dir wirklich wünschst, auch wenn dein Traum noch so unrealistisch erscheint. Mache dich auf den Weg, versuche deine Lebensträume zu verwirklichen und deine Ausstrahlung wird sich schlagartig verbessern, auch wenn du dein Ziel eigentlich noch gar nicht erreicht hast oder du auf dem Weg dorthin merkst, dass sich deine eigene Realität geändert hat und du nun ein ganz anderes Ziel verfolgst.

Tipp 10.: Positive Glaubenssätze stärken dein inneres Ich

Häufig wissen wir es nicht, warum wir immer wieder in speziellen

Situationen unsicher reagieren. Vor allem in Situationen, in denen wir eigentlich locker und frei von der Leber weg mit einer fremden Person plaudern sollten, steht man auf einmal wie angewurzelt da und bringt gar kein Wort mehr über die Lippen. Die peinliche Stille macht die Situation natürlich noch viel unangenehmer und plötzlich geht gar nichts mehr. Unsicherheiten wie diese sind häufig das Ergebnis negativer Glaubenssätze, die uns bereits in der Kindheit eingepflanzt wurden. Vielleicht hattest du auch jemanden in deiner Nähe, der dir immer wieder gesagt hat, dass du dies oder jenes nicht kannst. Hört man solche Dinge immer wieder, verfestigen sich diese und wir beginnen sie selbst für die Wahrheit zu halten. Damit ist jetzt jedoch Schluss und du kannst mit positiv formulierten Glaubenssätzen dafür sorgen, dass du von nun an selbstsicherer auftrittst und du somit andere Personen im Gespräch leichter von dir überzeugst. Damit das auch wirklich gelingt, ist es wichtig deinen eigenen Wert kennenzulernen und dich auf deine positiven Charaktereigenschaften zu konzentrieren. Vervollständige zu diesem Zweck Sätze wie zum Beispiel: Ich bin toll, weil..., Andere Menschen mögen mich, weil... Ich bin besonders gut im... Ich kann stolz sein, auf...

Formuliere für jeden Satz mindestens drei Varianten und halte diese schriftlich fest. Von nun an solltest du dir diesen Liebesbrief an dich selbst am besten jeden Tag morgens und abends, zumindest jedoch einmal täglich laut vorlesen und du wirst innerhalb weniger Tage merken, wie du an Selbstsicherheit gewinnst.

Tipp 11.: Das Wort Nein gehört von nun an zu dir

Es ist erstaunlich, wie viele Personen es einfach nicht schaffen, auch einmal „Nein“ zu sagen und das, obwohl sie etwas wirklich nicht machen wollen oder es ganz einfach die Antwort auf eine Frage ist. Doch willst du noch länger zu diesen Menschen gehören, die Dinge für ihre Kollegen oder Liebsten erledigen, die diese eigentlich ganz gut auch selbst schaffen würden, sich jedoch einfach nur die Zeit dafür nicht nehmen, weil du sie sowieso machst? Achte von nun an verstärkt darauf, dass auch auf deine Bedürfnisse Rücksicht genommen wird, denn deine Zeit ist keinesfalls weniger wert, als die der anderen Personen in deinem Umfeld. Auch, wenn es dir noch so schwer fällt, das Wort „Nein“ sollte vor allem dann von nun an einen viel größeren Stellenwert in deinem Leben einnehmen, wenn du eigentlich ein Mensch bist, der versucht, es immer allen recht zu machen. Beginne also damit, zumindest einmal pro Tag ganz bewusst „Nein“ zu sagen und du wirst sehen, auch wenn die anderen zunächst irritiert sind und nicht ganz verstehen können, warum du nun nein sagst bzw. ihren Wunsch auf einmal nicht mehr nachkommst, wirst du dir auf diese Weise Respekt verschaffen und die anderen gehen nicht mehr automatisch davon aus, dass du einfach immer Zeit hast und alles für sie tust.

Tipp 12.: Gib dir die Zeit, die du brauchst

Auch wenn es Menschen gibt, die unter Druck besonders viel erreichen und gut arbeiten, die meisten von uns gehören jedoch nicht dazu und benötigen ihre Zeit, um sich an neue Situationen und Verhaltensweisen zu gewöhnen. Sei also bitte geduldig mit dir und gib dir selbst die notwendige Zeit, um zu lernen, Erfahrungen zu sammeln und vielleicht auch die ein oder andere nicht ganz so positive Smalltalk-Situation nochmals aufarbeiten und auf diese Weise verarbeiten zu können. Auf dem Weg zum Smalltalk-Profi ist es von entscheidender Bedeutung, dass du dich selbst keinesfalls zu sehr unter Druck setzt, denn das kann sich auch auf deine Ausstrahlung negativ auswirken und die Menschen, die du gerne kennenlernen möchtest werden sich fragen, warum du eigentlich so angespannt bist und einfach nicht locker sein kannst. Lass dir einfach die notwendige Zeit, genieße die Ziele, die du bereits erreicht hast und lass dich von der ein oder anderen Niederlage nicht irritieren. Auf diese Weise wird es am besten gelingen, bereits innerhalb kürzester Zeit zum echten Smalltalk-Profi zu werden.

Hast du dir nun ein gewisses Grundlevel an Selbstsicherheit erarbeitet, wird es dir auf einmal leichter fallen, auf andere Menschen zuzugehen. Hast du dann erst mal die ein oder andere positive Erfahrung beim Smalltalk gemacht, werden auch diese wiederum dazu führen, dass du an Selbstsicherheit gewinnst und es von Mal zu Mal mehr genießen können, mit fremden Menschen eine nette Plauderei zu führen.

Wo deine eigene Komfortzone liegt, weißt du sicher selbst am besten: Alles, was du mit links erledigst, was keine besondere Herausforderung für dich ist, liegt innerhalb der Komfortzone. Situationen, die dich hingegen unsicher oder ängstlich machen und alles, zu dem du dich überwinden musst, liegt außerhalb dieser. Der große Vorteil der Komfortzone kann darin gesehen werden, dass diese sich mit jedem Schritt ausweitet, den wir über unsere persönliche Grenze hinaustreten. Deine persönliche Freiheit kann somit immer weiter ausgedehnt werden und dein Selbstbewusstsein wird stärker und stärker. Versuche dich daher jeden Tag neuen Herausforderungen zu stellen und diese zu meistern. Reflektiere anschließend deine Erfolge und halte sie am besten auch schriftlich fest.

- KAPITEL FÜNF -

Ein erfolgreicher Start – wie ist deine Einstellung zum Thema Smalltalk?

BEVOR DU DIR DARÜBER Gedanken machst, wie genau ein erfolgreicher Smalltalk geführt wird und du die zahlreichen Tipps ausprobiert, die du in diesem Buch erhältst, ist es wichtig herauszufinden, wie du genau zu diesem Thema stehst. Immer wieder gibt es Menschen, die von sich selbst behaupten, dass sie eigentlich lieber mit sich alleine sind und genug Freunde in ihrem Leben haben.

Generell handelt es sich bei uns Menschen um Lebewesen, die den sozialen Kontakt zu anderen Menschen benötigen, um ein erfülltes privates und auch berufliches Leben führen zu können. Zum einen ist es der Rückhalt in einer Gruppe, der dazu führt, dass wir uns sicher und geborgen fühlen und auch die nötige Selbstbestätigung erhalten, um weiterhin unseren Weg gehen zu können. Vor allem, seitdem das Medium Internet in unser aller Leben eine immer wichtigere Rolle spielt, scheint es Menschen schwerer und schwerer zu fallen, mit anderen in Kontakt zu treten und die notwendigen zwischenmenschlichen Beziehungen aufbauen zu können. Dabei handelt es sich jedoch keinesfalls um einen Zustand, der uns Menschen zuträglich ist und das ist auch der Grund, warum wir alle daran arbeiten sollten, unsere Fähigkeiten zum Smalltalk zu verbessern. Hierbei sind es vor allem zwei wichtige Faktoren, die maßgeblich dafür verantwortlich sind, ob wir einfach und entspannt auf andere Menschen zugehen können oder wir doch lieber so lange in der Ecke stehen, bis andere auf uns zukommen und uns aktiv in einen Gespräch miteinbinden, denn um einen erfolgreichen Smalltalk führen zu können solltest du zum einen absolut motiviert sein und dies auch wirklich wollen und zum anderen deine innere Stimme zum Verstummen bringen, die wahrscheinlich jeder von uns von Zeit zu Zeit in seinem Kopf hört. Diese hält uns häufig davon ab, auf andere Menschen zuzugehen, da man dabei ja den ein oder anderen Fehler machen könnte bzw. eine unangenehme Situation die Folge sein kann.

Introvertiertheit als Stärke beim Smalltalk

Vor allem in letzter Zeit stößt man immer wieder auf das Wort „Introvertiertheit“. Doch was bedeutet das eigentlich genau und ist es wirklich so schwierig, als introvertierte Person einen erfolgreichen

Smalltalk zu führen?

Das Adjektiv introvertiert bedeutet so viel wie „nach innen gekehrt/nach innen gerichtet“ und wird meist zur Beschreibung einer Person genutzt, die sich generell eher mit sich selbst und dem eigenen Seelenleben beschäftigt, als mit anderen Menschen. Das bedeutet, dass Menschen, die introvertiert sind, im Gegensatz zu extrovertierten Personen vor allem in sozialen Situationen eher zurückhalten und passiv agieren, anstatt sich selbst in den Mittelpunkt zu stellen.

Der Wortursprung kann auf die lateinischen Begriffe intro, das so viel bedeutet wie hinein und vertere, also wenden, zurückgeführt werden. Auch wenn es oft so scheint, als würden introvertierte Personen von anderen Zeitgenossen ganz einfach übertönt werden, bringt diese Art der Zurückhaltung äußerst positive Aspekte mit sich. Solltest auch du dich eher durch eine introvertierte Persönlichkeit auszeichnen, so ist das nicht unbedingt ein Nachteil, sondern bringt auch zahlreiche Vorteile mit sich, wie du gleich sehen wirst.

Introvertiertheit muss nicht unbedingt schlecht sein

Gehörst du zu den Menschen, die lieber anderen zuhören als selbst das Wort zu ergreifen und fühlst du dich eher mit dir bekannten Personen im kleinen Kreis wohl, als dich mit großen Gruppen zu umgeben? Dann ist es sehr wahrscheinlich, dass du zu den Menschen zählst, die sich durch eine introvertierte Persönlichkeit auszeichnen. Damit bist du jedoch alles andere als alleine, denn Experten zufolge besitzen mindestens 30 % der Bevölkerung eine introvertierte Persönlichkeit. Vor allem zahlreichen Künstlern, aber auch Politikern wie zum Beispiel Angela Merkel wird nachgesagt, im Grunde genommen eher in sich gekehrt zu sein und genau diese scheinbare Schwäche zu ihrem Vorteil zu nutzen. Das liegt vor allem daran, dass introvertierte Menschen in den meisten Fällen mit einer äußerst starken Beobachtungsgabe ausgezeichnet sind und sich zudem besser in andere Menschen hineinversetzen können.

Fällt es extrovertierten Personen leichter,

Smalltalk zu führen?

Auch wenn es introvertierten Menschen nicht so leicht gelingt, sich in den Mittelpunkt zu stellen, heißt das jedoch noch lange nicht, dass sie in Smalltalk Situationen nicht absolut überzeugen können. Zwar haben extrovertierte Menschen den Vorteil, dass sie einfach schneller mit anderen und vor allem auch ihnen fremden Personen ins Gespräch kommen, allerdings denken sie sehr häufig gar nicht darüber nach, wie sie auf diese Personen wirken und lassen sich einfach aus der jeweiligen Emotion heraus auf das Gespräch ein. Des Weiteren kann es sehr schnell unsympathisch wirken, wenn eine Person extrem extrovertiert ist und aus der Situation heraus das gesamte Gespräch auf sich zieht und vielleicht sogar besonders laut spricht, um sicherzustellen, dass wirklich alle anwesenden Personen ihn oder sie hören können. Introvertiertheit kann hingegen einige Vorteile mit sich bringen, wie wir gleich sehen werden.

Die Vorteile einer introvertierten Persönlichkeit im Smalltalk

Wenn du selbst eine introvertierte Persönlichkeit aufweist, wird es für dich in vielen Fällen um einiges anstrengender sein, dich in einer lauten Runde zu positionieren und mit verschiedenen Menschen leicht ins Gespräch zu kommen. Dennoch zeigt sich vor allem beim Führungsstil introvertierter Menschen, dass es sich hierbei um eine Persönlichkeitsstruktur handelt, die sich durch Kreativität und vor allem innere Stärke auszeichnet, wenn das Potenzial von der Person selbst erst einmal erkannt und gezielt gestärkt wird. Mach also keinesfalls den Fehler und denke dir, dass etwas nicht mit dir stimmt, nur weil du introvertierter bist als andere Menschen in deinem Umfeld. Zwar wird es immer wieder sowohl im Privatleben als auch im beruflichen Alltag Situationen geben, in denen du über deinen Schatten springen musst, mit den richtigen Strategien gelingt es dir jedoch ganz einfach, diese Hürden zu meistern und statt konfliktscheu, passiv und ängstlich durch dieses Leben zu gehen, deine neu entdeckte Introvertiertheit als Vorteil zu nutzen. Du solltest nämlich wissen, dass es sich hierbei um eine angeborene Eigenschaft handelt, die genauso zu dir gehört, wie deine Augen- oder Haarfarbe. Zwar können manche Situationen dazu führen, dass diese verstärkt bzw. reduziert wird, so oder so gehört sie einfach zu dir. Vor allem im Laufe des Lebens kann sehr oft beobachtet werden, dass besonders introvertierte Personen an Selbstsicherheit und Reife gewinnen, da sie die Meinung der anderen Menschen nicht mehr so stark beeinflusst und sie somit gestärkt ihren eigenen Weg gehen. Das ist auch der Grund, warum anhand verschiedener Studien mittlerweile eindeutig festgestellt werden konnte, dass es introvertierten Personen viel einfacher gelingt, zu ihren Schwächen und vor allem auch ihrer Meinung zu stehen, wenn sie erst mal gelernt haben, mit ihrer eigenen Persönlichkeitsstruktur umzugehen und die Angst vor anderen Menschen und deren Meinungen zu verlieren.

Zum erfolgreichen Smalltalk trotz Introvertiertheit – diese Strategien solltest du kennen

Als introvertierter Menschen wirst du dich vor allem in großen Runden oder mit fremden Personen häufig nicht gerade wohlfühlen und dabei spielt es keine Rolle, ob es sich um eine Familienfeier handelt oder du bei einem Firmenessen teilnehmen musst. Mit den richtigen Tricks gelingt es dir aber, solche Situationen und auch viele andere ganz einfach und selbstverständlich zu meistern. Es ist keinesfalls notwendig, dass du bereits Tage vorher nicht mehr schlafen kannst, wenn du weißt, dass bereits in wenigen Tagen eine „Überdosis Menschen" auf dich zukommt und du deshalb im Vorhinein sehr nervös bist. Ein erster Schritt auf dem Weg zum erfolgreichen Smalltalk als introvertierter Mensch kann es bereit sein, dir darüber im Klaren zu sein, dass es viel en anderen bestimmt genauso geht wie dir. Wir Menschen sind zwar soziale Wesen, mussten jedoch unbekannten und somit potentiell gefährlichen Situationen immer wieder aus dem Weg gehen, um nicht verletzt oder getötet zu werden. Das ist auch der Grund, warum es uns zum Teil so schwer fällt, uns auf Neues einzulassen und uns lieber weiterhin innerhalb unserer Komfortzone bewegen. Selbst extrovertierten Menschen geht es daher von Zeit zu Zeit so, dass sie ein Firmenbankett lieber auslassen würden, wenn sie bereits im Vorhinein wissen, dass keine ihnen vertraute Person anwesend sein wird.

Wir haben daher die besten Strategien für dich zusammengefasst, wie du in solchen neuen Situationen auch als eher introvertierter Mensch absolut überzeugen kannst und du dich im bestmöglichen Licht präsentierst.

- Stehe zu dir selbst, und du wirst die anderen von dir überzeugen.

Natürlich geht es in einem lockeren Gespräch mit einer dir unbekannten oder vielleicht auch wenig vertrauten Person zunächst darum, möglichst sympathisch zu wirken und dafür zu sorgen, dass sich der andere bzw. die anderen möglichst wohl in deiner Nähe fühlen. Du solltest dich jedoch keinesfalls verstellen, denn sonst würdest du nicht mehr authentisch wirken und das nehmen andere Personen zumindest unterbewusst oft ganz deutlich war. Natürlich ist es empfehlenswert nicht bereits im ersten Gespräch zu erzählen, wie schwer es dir fällt, mit anderen in Kontakt zu treten. Du musst jedoch auch nicht schauspielern und so tun, als wärst du derjenige, der immer im Mittelpunkt steht und vielleicht sogar lauter sprechen, als du dies normalerweise tust. Überzeuge lieber mit deinen Stärken und zeige, was für ein guter Zuhörer du bist. Frage immer mal wieder nach und vermeide, dass peinliche Pausen entstehen. Dies gelingt am besten, wenn du offene Fragen stellst, wie wir etwas später bei den Gesprächstechniken noch genauer erfahren werden.

- Die Dosis macht das Gift.

Wenn du gerade dabei bist, an deinen Smalltalkfähigkeiten zu arbeiten, dir dies jedoch aufgrund deiner Persönlichkeit alles andere als leicht fällt und du bereits deine Komfortzone verlässt, wenn du ein paar nette Worte mit der Verkäuferin im Laden bei dir um die Ecke wechselst, solltest du dich keinesfalls zu sehr unter Druck und kleine Schritte setzen. Achte auf die Reaktionen deines Körpers und versuche dir genug Zeit zu lassen, um erfolgreiche Smalltalk Situationen zu reflektieren. So wirst du aus ihnen lernen und es wird dir bestimmt von Mal zu Mal leichter fallen, bis du schließlich ohne weiteres ein bisschen mit deinem Chef plauderst und gar nicht mehr bewusst darüber nachdenkst, dass du diese Situation vor einiger Zeit noch als äußerst unangenehm empfunden hättest.

• Die richtige Vorbereitung.

Als introvertierter Mensch kann es durchaus sinnvoll sein, sich auf stattfindende Smalltalk Situationen möglichst gewissenhaft vorzubereiten. Natürlich macht einen Smalltalk aus, dass man nie genau sagen kann, wie er verlaufen wird und wie die beteiligten Personen auf dich bzw. das jeweilige Gesprächsthema reagiert werden. Dennoch ist es empfehlenswert, sich darüber zu informieren, welche Personen auf der jeweiligen Party oder auch dem Meeting anwesend sein werden, mit wem du vielleicht wirklich gerne ins Gespräch kommen würdest, um persönliche Kontakte zu knüpfen oder deine berufliche Situation verbessern zu können und dir vielleicht eine interessante bzw. erst kürzlich erlebte Geschichte bereitzulegen, die du im Falle einer unangenehm langen Gesprächspause jederzeit zum Besten geben kannst. Sollte es sich bei der Veranstaltung um ein Seminar oder einen Vortrag handeln, ist es auch ein kluger Schachzug, sich bereits im Vorhinein mit dem Thema bzw. den Themen der Veranstaltung auseinanderzusetzen.

• Gönne dir Pausen.

Vor allem als introvertierter Mensch solltest du darauf Acht geben, dich von Zeit zu Zeit von gesellschaftlichen Zwängen freizumachen und dir eine Pause zu gönnen. Vielleicht brauchst du immer mal wieder die Einsamkeit, um Situationen besser verarbeiten zu können. Nur auf diese Weise wirst du das nächste gesellschaftliche Event vielleicht noch besser meistern können und die Menschen mit deinen Smalltalkfähigkeiten begeistern. Das muss keinesfalls etwas schlechtes sein und bedeutet noch lange nicht, dass du Smalltalk Situationen aus dem Weg gehst.

• Quatsch einfach los.

Wenn du dich erst mal damit beginnst, dich mit dem Thema Smalltalk zu beschäftigen wirst du erstaunt sein, wie viele Situationen es in deinem alltäglichen Leben erlauben, deine bereits erlernten Qualitäten zu verbessern und das ohne, dass du deine Komfortzone dafür verlassen musst. Genau diese Situationen solltest du von Zeit zu Zeit nutzen, um dich dazu durchzuringen, einfach mit jemanden zu reden.

Dabei spielt es keine Rolle, wie banal das Thema ist, die Übung wird dir dabei helfen, auch mit Gesprächssituationen, in denen es wirklich darauf ankommt und du deinen Gesprächspartner von dir überzeugen möchtest, besser umgehen zu lernen.

- Sei dir deiner Stärken bewusst und nutze diese.

Als introvertierter Mensch bringst du zahlreiche tolle Eigenschaften mit, die sehr viele Menschen und vor allem Gesprächspartner sehr zu schätzen wissen werden. Wie bereits erwähnt, zeichnen sich introvertierte Personen in den meisten Fällen durch eine stark ausgeprägte Beobachtungsgabe aus und sie können zudem mit Empathie und großer Menschenkenntnis überzeugen. Es wird dir daher in den meisten Fällen gelingen, dich besser auf deinen Gesprächspartner einzustellen, als dies extrovertierte Menschen können und ihm den nötigen Freiraum zu geben, den er braucht, um sich in deiner Nähe auch wirklich wohlzufühlen. Zudem werden die von dir getätigten Aussagen, in vielen Fällen äußerst durchdacht sein, wodurch dein Gesprächspartner merkt, dass du ihn wirklich ernst nimmst und du nicht einfach nur etwas sagst, um etwas sagen zu können.

Das ist auch der Grund, warum introvertierte Menschen von anderen häufig als besonders zuverlässig und durchaus intelligent eingeschätzt werden. Nutze daher unbedingt deine vermeintliche Schwäche der Introvertiertheit und verwandle diese in eine ganz besondere Stärke, die dich als Person auszeichnet. Auf diese Weise bleibst du nicht nur dir selbst treu und kannst somit mit Authentizität und Verlässlichkeit punkten, von den Menschen in deinem Umfeld wirst du ebenfalls als äußerst angenehme Person wahrgenommen werden, die zuhören kann und deren Worte Gewicht haben.

- KAPITEL SECHS -

Körperlich eingeschränkte Menschen

DIE REAKTIONEN BLINDER MENSCHEN zeigen sich in der Mimik im Gesicht, Gangart und weniger in den Händen. Blinde Menschen halten sehr oft Gegenstände in Händen, wie Blindenstock, Halterung eines Blindenhundes, aber auch Bleistifte, etc. Dies ist einerseits eine Notwendigkeit, andererseits eine Schutzhandlung. Das Straffen der Gesichtszüge zeigt Konzentration an. Ein Zucken um die Mundwinkel ist eine Reaktion auf das eben Gehörte (nach unten – negativ bewertet, nach oben – positiv bewertet). Ein Innehalten im Schritt signalisiert Aufmerksamkeit und Konzentration. Auf- und Abwärtsbewegungen des Kopfes, der Hände, etc. ist genauso zu bewerten wie bei allen anderen Menschen.

Rollstuhlfahrer signalisieren durch langsames Fahren Nachdenken, Konzentration. Schnelleres Fahren deutet auf Stress, Flucht und negative Gedanken. Ruckartiges Umdrehen ist auf alle Fälle als Überraschung auf das eben Gehörte oder Gesehene zu interpretieren. Natürlich kann er/sie auch einfach nur von A nach B fahren und je nach zur Verfügung stehender Zeit schnell oder langsam unterwegs sein. Also spielt auch hier die Gesamtsituation eine große Rolle.

Es kommt halt immer auch auf die Art und den Grad der Behinderung an. Behinderte haben es oft sehr schwer. Fast alle wollen aber nichts anderes, als ganz normale Menschen behandelt zu werden. Streit, Erheben der Stimme, Anschreien, etc. sind bei Behinderten oft Reaktionen auf heuchlerisch empfundenes Mitgefühl, zu viel „Getue“ um ihre Person oder einfach nur, weil sie in diesem Moment wirklich wie jeder andere wütend sind.

Zeichensprache – eine besondere Art der Signale!

Bei jeder Art von Behinderung kommt es darauf an, ob diese schon von Geburt an besteht oder erst später, z. B. durch einen Unfall verursacht worden ist. Wenn es nie anders war, ist es leichter, damit fertig zu werden. Die Umstellung fällt fast allen schwer, aber es ist zu meistern. Gerade heute gibt es schon sehr sehr viele Möglichkeiten, die noch vor ein paar Jahren undenkbar waren – Sprachcomputer, öffentliche

Leitsysteme für Blinde, digitale Hilfen, Videobotschaften, etc. Gehörlose können entweder Lippenlesen oder Zeichensprache, viele aber beides. Einige, die nicht zur Gänze taub sind, tragen zusätzlich noch Hörgeräte oder implantierte Hörhilfen – die neuerste Generation an Hörgeräten. Die Zeichensprache basiert zunächst auf den Signalen, die wir alle unbewusst senden, empfangen und verstehen können. Darüber hinaus gibt es noch spezielle Zeichen. Alle Zeichen sind jedoch mit etwas Übung rasch beherrschbar.

Brailleschrift ist nicht alles!

Verliert der Mensch ein Sinnesorgan, werden die anderen doppelt so „scharf". Blinde verfügen über einen außerordentlich guten Tastsinn. Mittlerweile wurden gerade für Blinde Jobs in der Medizin geschaffen, wo diese Fähigkeit dringend benötigt wird. Brustkrebs z. B., Blinde ertasten auch den noch so kleinsten Tumor, lange bevor dieser bildtechnisch sichtbar wird. Blinde brauchen nicht zu sehen, sie hören und fühlen „Bilder, Bewegungen, etc." Blindismen ist die Körpersprache der Blinden. Blinden fehlen natürlich Bewegungs- und Verhaltensmuster, die jeder von uns durch die Eltern von Geburt auf lernt. Blinde bewegen fast ständig ihren Oberkörper, reiben sich die Augen mit den Händen und wiegen den Kopf rhythmisch hin und her. Die Sehenden werden dadurch oft verunsichert. Vor allem Menschen, die schon von Geburt aus blind sind, zeigen besonders viele dieser Blindismen. Der Grund dafür ist ein Defizit an Bewegung. Aber auch Autisten oder Leute mit Asperger-Syndrom zeigen solche Bewegungsformen.

Durch die körperlichen Einschränkungen ist es ihnen nicht möglich, Bewegungen in der Häufigkeit und Art und Weise wie andere auszuführen. Dieser Mangel wird dadurch ausgeglichen. Natürlich können sie sich bewegen, es mangelt aber an Reaktionsfähigkeit auf die Umgebung. Es fehlt an der Möglichkeit, visuelle, mentale und andere physische Reize wahrzunehmen. Dies ist aber besonders wichtig, wenn es um die Identifizierung von weiter entfernten Objekten oder die Koordination und Steuerung von Bewegungen geht. Ganz besonders schwierig wird es, wenn es um die Wahrnehmung von nonverbalen Signalen geht. Bestehen die Einschränkungen von

Geburt an, kommt es häufig auch zu Entwicklungsproblemen. Hier spielt aber auch die Häufung, Art und Weise der Defizite sowie den Schweregrad an. Der Ausdruck „Blindismen" wird sowohl von den Betroffenen selbst als auch Ärzten und Wissenschaftlern verwendet. Manchmal treten diese „Blindismen" aber auch bei nicht behinderten Kindern und Leuten mit anderen Krankheiten auf. Daher Vorsicht vor Stereotypisierung! Diese Blindismen treten meistens in Stresssituationen, wie z.B. Freude, Wut, Trauer, Aufregung, Unsicherheit, Einsamkeit, Angst oder aber auch Alleinsein auf. Diese Bewegungen beruhigen. Von Geburt auf blinde Kinder benutzen Blindismen auch einfach oft aus Langeweile, ganz so, wie ein Sehender beim Telefonieren kritzelt. Wissenschaftler sind sich jedoch uneinig, ob diese Blindismen behandelt gehören oder nicht. Sehende haben ja schließlich auch oft Bewegungsabläufe, die anderen nicht gefallen. Einige Wissenschaftler sind der Ansicht, dass dies unbedingt durch Training „abgestellt" gehört. Einiges lässt sich schon erlernen, wirkt aber dann, wie auch bei Sehenden, „roboterhaft". – Ist also auch nicht sehr hilfreich! Es hat sich aber auch gezeigt, dass diese Blindismen bei Blinden auftreten, die sich nicht sportlich betätigen. Bei Blinden, die sportlich aktiv sind, treten diese Bewegungsauffälligkeiten eher selten zutage. Durch Sport wird Stress abgebaut und der Körper beruhigt. Das zeigt noch immer den besten Erfolg! Aber Vorsicht! Dieses Phänomen wird dann weniger oft sichtbar, lässt sich aber nicht zur Gänze abschaffen. Eltern von sehbehinderten Kindern tendieren dazu, diese zu sehr „beschützen" zu wollen. Kinder wollen generell herumtollen. Zu Hause ist eine „Sicherheitszone". Hier kann alles Nötige für draußen erlernt oder ausprobiert werden, ohne Schaden oder großen Schaden zu nehmen. Schließlich fallen ja auch nicht sehbehinderte Kinder hin oder verletzten sich einmal.

Asperger-Syndrom – eine andere Art von nonverbaler Kommunikation!

Das Asperger-Syndrom ist angeboren und nicht heilbar. Diese Art von Autismus geht mit Schwächen in der Interaktion und Kommunikation sowie stereotypes Verhalten einher. Diese tief greifende Entwicklungsstörung tritt mit dem vierten Lebensjahr zutage. Menschen mit

dieser Krankheit führen aber meistens ein ganz normales Leben und sind auf einem Gebiet äußerst begabt (Hoch- oder Inselbegabung). Sie können jedoch nonverbale Signale weder senden noch empfangen oder bewerten. Diese Menschen wirken daher auf andere meistens merkwürdig oder ungeschickt. Susan Boyle ist eine dieser Patienten. Sie steht aber auch für all das, was Asperger Patienten oft widerfährt. Sie trat in „Britain's got talent" auf. Aufgrund der etwas merkwürdigen Art wurde sie von allen belächelt und nicht für „voll" genommen. Im Moment als sie jedoch zu singen begann, war es mucksmäuschenstill – da hat dann niemand mehr gelacht! Sie hat es verstanden, trotz Krankheit „ihre" Signale zu transportieren und hat ihr Ziel, vor der britischen Königin zu singen, erreicht. Alle Achtung, dass soll ihr einmal ein Gesunder nachmachen! Das Asperger-Syndrom zeichnet sich aber auch durch Stärken wie der Selbstbeobachtung, Aufmerksamkeit und Wahrnehmung in anderen Bereichen aus. Uneinigkeit besteht darin, ob es sich beim Asperger-Syndrom um eine Krankheit, eine abgeschwächte Form von Autismus oder eine Normvariante handelt. Im kindlichen Stadium fällt das nach einem besonderen Muster Aufstellen von Spielsachen auf.
Die Krankheit wurde nach dem österreichischen Kinderarzt Hans Asperger benannt, der es in seiner Habilitationsschrift als „autistische Psychopathie" bezeichnete. Erst 1981 schenkte die britische Psychiaterin Lorna Wing Aspergers Arbeit die Beachtung, die sie verdiente. Das Asperger-Syndrom entwickelt sich manchmal recht gut, sodass es auch als ganz alltägliche Schüchternheit oder Eigenbrötlerei wahrgenommen wird. Laut einer finnischen Studie betrifft es zweimal mehr Jungs als Mädchen, variiert aber stark. Dies deutet auf einen biologischen Faktor hin. Körpersprache sollte also auch nicht überwertet werden.

Merkmale des Asperger-Syndroms:

· Beeinträchtigung des Blickkontakts, der Körperhaltung und Gesten, des Gesichtsausdrucks

· Entwicklungsstörung bei Beziehungen zu Gleichaltrigen

· Betroffene Kinder zeigen anderen nicht, was sie selbst interessiert.

· Keine oder fast keine Interaktion mit anderen Kindern.

· Mängel an emotionaler oder sozialer Gegenseitigkeit.

· Eingeschränktes stereotypes und repetitives Verhaltens-, Aktivitäten- und Interessensmuster.

Weiters kommt mindestens eines der folgenden Merkmale ebenfalls zum Tragen:

· Übermäßige Beschäftigung mit stereotypen und beschränkten Interessensmustern (Gegenstand oder Intensität)

· Starres Festhalten an nichtfunktionalen Ritualen oder Routinen

· Repetitive oder stereotype Angewohnheiten (Hand- oder Fingerbewegungen, komplexere Bewegungen des gesamten Körpers)

· Fortwährende Beschäftigung mit Teilen von Objekten

· Signifikante Beeinträchtigung in beruflichen, sozialen oder anderen essenziellen Bereichen des Lebens

Erscheinungsbild des Asperger-Syndroms

Ausgeprägte spezielle Interessen, Fehlen jeglicher nonverbaler Kommunikation sowie ungelenke Bewegungen, fein- und grobmotorische Koordinationsstörungen sowie Ungeschicklichkeit. Die Probleme bei Bewegungsabläufen sowie Koordinationsstörungen dieser Art treten normalerweise bei Autismus nicht auf. Vermeiden des Blickkontakts sowie mangelndes Einfühlungsvermögen und Unverständnis für zwischenmenschliche Gefühle fallen sofort auf.

Anhand des Asperger-Syndroms sehen wir aber auch, wie glücklich wir uns schätzen können, so viel mehr an Informationen täglich aufnehmen zu können, die uns das Leben erleichtern – vorausgesetzt, wir können diese richtig lesen!

- KAPITEL SIEBEN -

Sympathisch wirken – so überzeugst du deine Mitmenschen vor und während des Smalltalks

WIR ALLE KENNEN MENSCHEN, die einen Raum betreten und sofort alle Blicke auf sich ziehen. Dies hat in vielen Fällen absolut nichts mit äußerer Schönheit zu tun. Personen wie diese scheinen einfach über das sogenannte gewisse Etwas zu verfügen und hierbei handelt es sich um eine besondere Form des Charismas. Natürlich gibt es Menschen, denen diese Gabe von Anfang an gegeben zu sein scheint und die mühelos jeden anderen in ihren Bann ziehen können.

Doch während die meisten von uns glauben, dass dieses einzigartige Talent vor allem mit gutem Aussehen oder einem besonders hohen Status in der Gesellschaft zu tun hat, sieht die eigentliche Wahrheit ganz anders aus. Nichts ist leichter, als sich einfach zu denken, dass man an der eigenen Ausstrahlung doch gar nichts ändern kann. Mit etwas Übung, persönlichem Einsatz und vor allem auch Mut ist das aber durchaus möglich, wie du gleich feststellen wirst.

Eine Studie zum Thema Ausstrahlung und besonders sympathische Wirkung von Menschen auf andere der Universität in Kalifornien hat eindeutig ergeben, dass Charisma und Ausstrahlung keinesfalls mit Intelligenz, Attraktivität oder auch besondere Menschenkenntnis zu tun haben. 500 Probanden wurden befragt, welche Eigenschaften ihnen in Bezug auf Sympathie als möglichst wichtig erscheinen und der Ausgang dieser Studie wird dich höchstwahrscheinlich überraschen und vor allem auch davon überzeugen, dass selbst du mit einigen kleinen Tricks von nun an auf andere Menschen sympathischer wirken kannst.
Das Schlüsselwort lautet nämlich „emotionale Intelligenz". Dieser Terminus wurde zum 1. Mal im Jahr 1990 von den Wissenschaftlern John D. Mayer und Peter Salovey eingeführt und bedeutet so viel wie die Fähigkeit zu besitzen, sowohl die eigenen Gefühle als auch die der Menschen in meiner Umgebung besser wahrnehmen, deuten und zudem auch noch beeinflussen zu können. Menschen, die ein hohes Maß an emotionaler Intelligenz, kurz EQ besitzen, werden automatisch auch als sympathischer von ihren Mitmenschen wahrgenommen und können somit sofort in jeder Smalltalk Situation überzeugen. Es gibt verschiedene Verhaltensweisen, die dafür sorgen, dass auch

du von nun an als emotional intelligenter und somit als charismatischer Mensch wahrgenommen wirst und wie diese genau aussehen bzw. welche Faktoren hierbei eine besonders wichtige Rolle spielen, erfährst du nun.

- KAPITEL ACHT -

Die 12 wichtigsten Verhaltensweisen, wenn du beim Smalltalk überzeugen möchtest

1. Zeige ehrliches Interesse und achte darauf, nicht gelangweilt zu wirken

DER GRÖSSTE FEHLER, DEN Menschen in einer Gesprächssituation machen können ist der, sich weniger auf den Gesprächspartner und das zu konzentrieren, was dieser gerade sagt und stattdessen nur daran zu denken, wie man schnellstmöglich wieder das Wort ergreifen und sich somit selbst in den Vordergrund rücken kann. Achte daher unbedingt darauf, dich wirklich auf die Situation einzulassen und schenke deinem Gegenüber die notwendige Aufmerksamkeit. Statt deinen Blick im Raum schweifen zu lassen und dich ständig nach etwas Interessanterem umzusehen, konzentriere dich ganz auf deinen Gesprächspartner und zeige ihr bzw. ihm mit deinen Gesten und deiner Mimik, dass du dem Verlauf eures Gespräches aktiv folgst. Natürlich kann es immer wieder mal passieren, dass dein Gegenüber wirklich absolut nichts zu sagen hat, was deine Aufmerksam gerade wert ist und du bereits dabei bist, in Gedanken zu überlegen, was du als nächstes vom Buffet holen wirst. Da es sich hierbei jedoch um eine äußerst unhöfliche Verhaltensweise handelt, solltest du stattdessen versuchen, interessierte Fragen zu stellen und im absoluten Notfall das Gespräch so kurz wie möglich halten. Gehe aktiv auf den anderen ein, und er wird von dir und deiner Persönlichkeit begeistert sein, da du ihm zugehört hast und Interesse an seinen Leidenschaften bzw. seiner Geschichte bekundest.

Wenn du es geschafft hast, das Gespräch auf höfliche Art und Weise zu beenden und dein Gegenüber den Eindruck gewonnen hat, dass du ihm wirklich zugehört hast, wird er dich als sehr angenehmen Gesprächspartner beschreiben und dich in absolut sympathischer Erinnerung behalten.

2. Smartphones werden nur in absoluten Notsituationen aus der Tasche genommen

Kaum eine Bewegung schafft es mehr zu symbolisieren, dass man dem Gesprächspartner eigentlich gar nicht mehr zuhören möchte, als

der Griff zur Hosentasche. Daher gilt: das Smartphone hat in der Tasche zu bleiben. Vor allem bei wichtigen Events, wie zum Beispiel Meetings oder auch öffentlichen Veranstaltungen solltest du dein Handy daher bereits vor dem Beginn auf lautlos stellen. Die Katzenvideos, die dir vielleicht dein bester Freund gerade schickt, kannst du genauso gut nachher noch anschauen und dein Gesprächspartner wird nicht irritiert sein, warum dein Smartphone die ganze Zeit klingelt. Natürlich gibt es Ausnahmefälle, in denen es durchaus sinnvoll ist, sofort auf das Display zu schauen, wenn es klingelt. Aber auch dann kann man sich mit einer ehrlichen Entschuldigung aus der Affäre ziehen und dein Gesprächspartner wird keinesfalls böse sein, wenn du ihm zum Beispiel erklärst, dass dein Kind das erste Mal alleine zu Hause ist und du schnell nachfragen musst, ob alles in Ordnung ist oder sich deine hochschwangere Freundin zu Hause befindet und ihr euch bereits auf die Ankunft eures kleinen Schatzes freut.
Solltest du dich allerdings nicht in einer solchen oder einer ähnlichen Situation befinden, hat das Smartphone absolut in der Hosentasche zu bleiben.

3. Je ehrlicher du bist, umso authentischer wirst du wirken

Gerade in der heutigen Zeit scheint es eine immer mehr in Vergessenheit geratene Tugend zu sein, dass man zu seinem Gegenüber immer ehrlich und aufrichtig sein sollte. Vor allem sympathische Menschen scheinen sich jedoch genau durch diese Kernkompetenz auszuzeichnen, denn keiner von uns wird gerne belogen. Auch wenn es sich nur um eine kleine Notlüge handelt, wird diese in den meisten Fällen zumindest unbewusst vom Gesprächspartner wahrgenommen und plötzlich findet man den anderen gar nicht mehr so charismatisch, wie anfangs gedacht. Versuche daher, dich keinesfalls besser zu machen oder erzähle Geschichten, die so unglaublich klingen, dass sie einfach gar nicht mehr wahr sein können. Sei ehrlich und du wirst bei deinem Gegenüber den Eindruck erwecken, dass du besonders vertrauensvoll und vor allem auch selbstsicher bist, da du es gar nicht nötig hast, eine kleine Lüge hier und da in das Gespräch einzubauen.

4. Öffne dich für Neues und du wirst es nicht bereuen

Wenn es dein Ziel ist, von nun an sympathisch auf andere Menschen zu wirken und im Smalltalk zu überzeugen ist es wichtig zu lernen, auch völlig neue Ideen und Gedanken zuzulassen. Absolut nichts wirkt unsympathischer, als sich sofort kritisch zu äußern, sobald eine neue Idee zum Gesprächsthema wird. Natürlich kann man durchaus argumentieren, warum der eine oder andere Gedankengang einen selbst widerstrebt, trotzdem sollte man den anderen Gesprächspartner ebenfalls zu Wort kommen lassen und seine Idee, von der er vielleicht absolut überzeugt ist, nicht schlecht reden, nur weil sie einem selbst nicht zusagt. Jeder Mensch hat das Recht auf seine eigene Meinung und diese sollte auch unbedingt respektiert werden.
Vor allem beim Smalltalk handelt es sich hierbei um eine äußerst wichtige Eigenschaft um zu verhindern, dass sich der andere unwohl in unserer Gegend fühlt und wir uns vielleicht nur von Vorurteilen leiten lassen.

5. Stelle dich selbst nicht zu sehr in den Mittelpunkt

Du neigst dazu, dich selbst immer in den Mittelpunkt zu stellen und hast eigentlich kein Interesse daran, anderen Menschen und ihren Geschichten zu lauschen? Dann solltest du ganz dringend an dieser Eigenschaft arbeiten. Nahezu alle Menschen empfinden nämlich Abneigung gegenüber anderen, die immer die gesamte Aufmerksamkeit auf sich ziehen und dem anderen keinen Raum einräumen, um überhaupt am Gespräch teilnehmen zu können. Versuche daher immer, auch die anderen Gesprächsteilnehmer in deine Geschichte miteinzubeziehen oder Sorge mit gezielten Fragen dafür, dass auch sie immer mal wieder zu Wort kommen. Auf diese Weise zeigst du nicht nur, dass du ein interessierter und offener Mensch bist, die anderen beteiligten Personen werden sich auch davon geschmeichelt fühlen, dass du ihnen Aufmerksamkeit schenkst und respektvoll mit ihnen umgehst.

6. Bleibt deiner Meinung treu, ohne dabei unsympathisch zu werden

Menschen, die ich sich in einem Smalltalk klar positioniert und dennoch alle anderen gegenüber verständnisvoll auftreten, wirken äußerst sympathisch. Bist du hingegen jemand, der immer je nach Situation und Gesprächspartner seine Meinung ändert, kann es sehr schnell passieren, dass du in Situationen kommst, in denen du dir selber widersprechen musst und du somit auf einmal nicht mehr authentisch wirkst. Auch, wenn es sich beim Smalltalk häufig um eine komplett ungezwungene Plauderei handelt solltest du darauf achten auf Fragen wohlüberlegt zu antworten und keinesfalls nur etwas zu sagen, weil du denkst, dass du deinem Gesprächspartner damit imponieren kannst und das obwohl der Sachverhalt eigentlich ganz anders war bzw. du ihn sogar erfunden hast.

7. Lass deinen Körper sprechen

Wie bereits von Paul Watzlawick so treffend formulierte, ist es uns nicht möglich, nicht zu kommunizieren, denn zumindest unser Körper teilt unserem Gegenüber immer etwas mit, ob wir wollen oder nicht. Ein wichtiger Teil der positiven Ausstrahlung ist daher, sich seiner Körpersprache und auch seines Gesichtsausdrucks bewusst zu werden und von Zeit zu Zeit darauf zu achten, wie diese gerade beim Gegenüber ankommt. Worauf es hierbei genau zu achten gilt und warum Körpersprache ein so entscheidendes Element ist, wenn du zu einem echten Smalltalk-Profi werden möchtest, das erfährst du etwas später noch genauer.

8. Weil der erste Eindruck zählt

Auch wenn man sich noch so sehr darum bemüht, andere Menschen nicht sofort nach dem Äußeren zu beurteilen. so wissen wir mittlerweile alle, dass uns das doch meistens nicht gelingt und meist bereits die ersten sieben Sekunden ausreichen, um uns einen Bild von einer Person zu machen und zu entscheiden, ob wir diese für sympathisch

halten oder eben nicht. Im darauffolgenden Gespräch konzentriert man sich dann natürlich auch primär auf Merkmale, die unsere zuerst getroffene Annahme bestätigen und es ist häufig gar nicht so einfach, die bereits gebildete Meinung wieder zu ändern.
Die Vorstellung, dass unser Gesprächspartner beim Smalltalk bereits beim ersten Händeschütteln ganz genau weiß, wie er uns findet, kann zunächst furchteinflößend sein. Doch wir können dieses Phänomen auch ganz einfach zu unserem Vorteil nutzen, indem wir mit Körpersprache, einem offenen Lächeln und einen festen Handschlag bereits von Anfang an überzeugen und so einen ersten positiven Eindruck zu hinterlassen.

9. Das Lieblingswort eines jeden Menschen ist sein eigener Name

Ein weiteres Phänomen, das bereits häufig in Studien bestätigt werden konnte ist, dass der eigene Name eines Menschen einen wichtigen Teil dessen Persönlichkeit darstellt und wir es daher sehr genießen, wenn uns jemand bei unserem Namen nennt bzw. sich diesen sofort merken kann. Du solltest daher penibel darauf achten, dir den Namen deines Gesprächspartners bereits am Anfang gut einzuprägen. Auf diese Weise kannst du ihn entweder gleich während des Gesprächs oder auch später wieder beim Namen nennen und du wirst ihm in besonders guter Erinnerung bleiben. Gelingt dir dies hingegen nicht und du musst immer wieder nachfragen, wie jemand heißt, wirkst du nicht nur unaufmerksam, sondern auch desinteressiert.

10. Mit einem Lächeln gelangst du ins Herz eines Menschen

Wenn uns eine fremde Person ein Lächeln schenkt, wirkt diese im Normalfall sofort sympathischer. Diese Tatsache sollten wir uns ebenfalls unbedingt zu Nutze machen. Setze immer ein kleines Lächeln auf, wenn du einen Smalltalk startest und die Person, die dir gegenüber steht, wird dies höchstwahrscheinlich erwidern bzw. sich einfach wohler in deiner Umgebung fühlen. Auch, wenn dir vielleicht nicht gerade zum Lachen zumute ist, solltest du dennoch auf einem freundlichen Gesichtsausdruck achten und einfach an eine schöne Situation denken, die dir in letzter Zeit widerfahren ist.

11. Eine Berührung hier und da kann Wunder wirken

Wenn wir jemanden während eines Gesprächs scheinbar zufällig berühren, wird das Glückshormon Oxytocin beim anderen, aber auch bei uns freigesetzt. Dieses sorgt dafür, dass die Person beginnt, uns zu vertrauen und sie sich einfach gut fühlt. Dies kann sowohl ein freundlicher Handschlag, ein zustimmendes Schulterklopfen oder auch eine Umarmung sein, allerdings sollten hierbei keinerlei persönliche Grenzen übertreten werden.
Ansonsten kann es nämlich ganz schnell passieren, dass es zu einem peinlichen Missverständnis kommt. Daher solltest du versuchen, dein Gegenüber möglichst gut einzuschätzen, bevor du dich an diesen Tipp heranwagst und ihn ausprobierst.

12. Überzeuge mit Leidenschaft und Freude

Es gibt Menschen, die so begeistert und leidenschaftlich von einer Sache erzählen, dass sie einem sofort sympathisch sind und man diese Sache am liebsten selbst ausprobieren will. Leidenschaftliche Menschen können uns mit ihrer mitreißenden Art begeistern und diese ist zudem einfach ansteckend. Es ist daher absolut empfehlenswert, dass auch du dich offen und leidenschaftlich ein Thema gegenüber zeigst, wenn du einen erfolgreichen Smalltalk führen willst.

Natürlich wird es dir wahrscheinlich nicht gelingen, alle die hier genannten Punkte auf einmal umzusetzen, aber dennoch kann der ein oder andere Tipp schnell dazu führen, dass du dich leichter gegenüber anderen öffnen kannst und du sympathischer auf deine Mitmenschen wirkst. Je mehr Kontakte du auf diese Weise knüpfen kannst, umso leichter wird es dir fallen, andere von dir zu überzeugen und zum echten Smalltalk-Profi zu werden.

- KAPITEL NEUN -

Warum die richtige Kleidung maßgeblich dafür verantwortlich ist, dass ein Smalltalk klappt

WIR ALLE WISSEN: KLEIDER machen Leute, doch warum ist das eigentlich so und was passiert, wenn man auf einem wichtigen Event falsch angezogen ist? Jeder Mensch hat seinen eigenen Stil und das ist auch gut so, dennoch gibt es gewisse Richtlinien an denen du dich orientieren solltest, wenn du eine Veranstaltung besuchst, bei der du auf neue Menschen triffst und mit diesen ins Gespräch kommen möchtest. Vor allem, bei gesellschaftlichen Feiern oder auch Meetings ist es angebracht, sich der Veranstaltung entsprechend zu kleiden und keinesfalls zu lässig zu erscheinen. Ansonsten kann es passieren, dass du den Eindruck erwächst, deine Arbeit wäre dir eigentlich egal und du würdest dir absolut keine Gedanken darüber machen, wie du auf die anderen wirkst. Das ist auch der Grund, warum es ausgewaschene Jeans, alte Pullover oder auch schmutzige Sneakers zu meiden gilt, wenn du bei einem Event einen professionellen und guten Eindruck hinterlassen möchtest.

Aber es geht nicht nur darum, wie die anderen dich wahrnehmen, auch wir selbst fühlen uns meistens einfach besser, wenn wir gute Kleidung tragen. Vor allem, wenn wir auf viele unbekannte Personen treffen und bereits wissen, dass wir in verschiedene Smalltalksituationen kommen werden. In diesem Fall wirst du wahrscheinlich sowieso schon aufgeregt sein und es ist daher absolut empfehlenswert, auf schicke und dennoch schlichte Kleidung zurückzugreifen. Was du dabei jedoch nicht machen solltest, ist dich völlig neu einzukleiden und dich für Anziehsachen zu entscheiden, die eigentlich überhaupt nicht zu dir passen bzw. in denen du dich nicht wohlfühlst. Dann würdest du nämlich genau das Gegenteil von dem erreichen, was du eigentlich wolltest und vielleicht den ganzen Tag an deinem Jackett herumzupfen, weil es einfach nicht richtig sitzt.

Was macht gute Kleidung eigentlich aus?

Es spielt eigentlich fast keine Rolle, für welche Kleidung du dich entscheidest, wichtig ist vor allem, dass diese hochwertig aussieht und gepflegt ist. Des Weiteren ist es empfehlenswert, sich vor allem für gedeckte und nicht allzu schrille Farben zu entscheiden. Als sichere Wahl gelten meist Farben wie zum Beispiel schwarz, grau, beige oder auch blau. Auf diese Weise wird die Integrität jeder Veranstaltung gewahrt und du wirst mit deiner Stilsicherheit überzeugen. Deine alten löchrigen Turnschuhe, die du so gerne beim Fußball trägst und die ausgebeulte Jacke, mit der du die schönsten Konzertbesuche deines Lebens in Verbindung bringst, gilt es vor allem bei öffentlichen Events wie zum Beispiel Firmenmeetings oder auch einem schicken Abendessen unbedingt zu Hause zu lassen. Wenn du dich für die richtige Kleidung entscheidest, strahlst du Souveränität, Selbstsicherheit und ein hohes Maß an Professionalität aus, wodurch du nicht nur deinen Chef von deinen Fähigkeiten überzeugen kannst, sondern du auch bei einem oder anderem Smalltalk mit einem wenig bis gar nicht bekannten Gesicht einfach überzeugen wirst.

Viel Geld für Kleidung ausgeben? Das muss nicht sein

Vielleicht fragst du dich jetzt, wie viel Geld du ausgeben musst, um dich hochwertig einzukleiden, denn wir alle wissen, Markenklamotten sind nicht gerade billig. Hier ist es jedoch empfehlenswert, nicht an der falschen Stelle zu sparen, denn wenn du besonders günstig kaufst, kaufst du aufgrund mangelnder Qualität sehr häufig doppelt. Zudem gibt es immer wieder Sparaktionen oder auch Schlussverkäufe, in denen du schicke Sachen zu einem absoluten Schnäppchenpreis erhältst. Auch ein Outlet kann die optimale Möglichkeit sein, um gute Sachen von hoher Qualität zu kaufen und nicht zu viel Geld dafür ausgeben zu müssen, denn in diesen findest du häufig Anzüge oder auch Etuikleider vom Vorjahr und das zu unschlagbaren Preisen. Nichtsdestotrotz gilt es dennoch darauf zu achten, dass die Anziehsachen wirklich gut sitzen, denn nur so wirst du dich wirklich wohl in diesen fühlen. Vor allem, die Ärmel- und Schulterpartie sollte exakt abschließen und die Hosenlänge ist ebenfalls ein eindeutiges Indiz dafür, wie sehr du dich mit deiner Kleidung und deinem Auftreten beschäftigt hast. Des Weiteren kann das gewählte Material maßgeblich dazu beitragen, dass du deine neue Kleidung gerne trägst und im Smalltalk noch mehr Selbstsicherheit ausstrahlen kannst. Entscheide dich daher am besten für Naturmaterialien wie zum Beispiel Wolle, Viskose oder auch Leinen, denn in diesen schwitzt man weniger und selbst in großen Gesprächsrunden wirst du es so schaffen, einen kühlen Kopf zu bewahren.

Schwarz ist doch nicht immer die richtige Wahl

Viele Menschen glauben, dass sie absolut nichts bei der Kleiderwahl falsch machen könne, indem sie sich einfach für ein komplett schwarzes Outfit entscheiden. Das stimmt jedoch nicht ganz, denn Schwarz wirkt in vielen Fällen sehr hart und das vor allem dann, wenn es nicht mit anderen Farben wie zum Beispiel weiß kombiniert wird. Eine gute Wahl kann es hingegen sein, ein schwarzes Kostüm oder einen schwarzen Anzug zu wählen und dazu ein weißes Hemd anzuziehen, schon bist du für jeden Geschäftstermin perfekt gekleidet. Andere Farben, die ebenfalls nicht zu aufdringlich wirken und dennoch absolut jedem stehen, sind zum Beispiel ein schönes dunkles Blau oder auch Grau.

Achte auf ein gepflegtes Äußeres

Es spielt keine Rolle, ob du deine Haare lieber länger oder doch kürzer trägst, wichtig dabei ist, dass du vor allem vor wichtigen Firmenevents oder auch anderen Veranstaltungen darauf achtest, dass diese frisch geschnitten sind und du somit gepflegt aussiehst. Auf diese Weise wirst du deinem Gegenüber nicht nur symbolisieren, dass du dich auf das Ereignis vorbereitet und somit schon gefreut hast, auch du selbst wirst dich gut in deiner Haut fühlen und eine ganz andere Ausstrahlung haben, als wenn deine Frisur bereits etwas aus der Form geraten ist. Falls du deine Haare färbst, ist es ebenfalls wichtig zu vermeiden, dass bereits der Nachwuchs zu sehen ist. Auch schöne Nägel dürfen bei einem gepflegten Äußeren nicht fehlen. Entweder du legst dir selbst das notwendige Pflegewerkzeug zu oder du suchst in regelmäßigen Abständen eine Kosmetikerin auf, um auch mit schön gepflegten Händen überzeugen zu können.

Wenn du damit beginnst, dein Äußeres dem Event, dass du besuchen wirst, entsprechend anzupassen, wirst du sehr schnell merken, wie sich das auch auf deine Persönlichkeit auswirkt. Falls du deinen persönlichen Stil noch nicht gefunden haben solltest, probiere einfach verschiedene Dinge aus und bitte vielleicht einen Freund oder ein Familienmitglied, dessen Stil du bewunderst, darum, dich beim

Einkaufen zu begleiten und so dafür zu sorgen, dass du bestimmt die richtige Wahl triffst. Auf diese Weise wird es dir gelingen, bereits beim nächsten Smalltalk einfach souveräner zu wirken, weil du dich gut in deiner Haut fühlst und stolz auf dein Aussehen sein kannst.

Die Kraft der Stimme nutzen – so gelingt ein erfolgreicher Smalltalk!

Die Ausstrahlung, die wir auf andere Menschen haben wird maßgeblich von unserer Stimme beeinflusst. Bereits anhand der ersten Worte machen wir uns ein Bild von dem anderen und entscheiden, ob uns dieser sympathisch ist oder nicht. Am deutlichsten wird dies, wenn wir mit jemanden telefonieren aber auch beim Smalltalk ist die Stimme ein wesentlicher Faktor, wenn es darum geht, dass Gegenüber einzuschätzen und uns ein genaueres Bild über ihn oder sie zu machen.

Stelle dir zum Beispiel vor, du lernst gerade eine Person kennen und merkst bereits am eher zurückhaltenden schwachen Handdruck, dass diese nicht über besonders viel Selbstsicherheit zu verfügen scheint. Spricht die Person dann auch noch sehr leise und so sehr in sich hinein, dass du immer wieder nachfragen musst, weil du sie gar nicht richtig verstehen kannst, verstärkt sich dieses Bild weiter und die Ausstrahlung dieser Person auf dich wird sich höchstwahrscheinlich in Grenzen halten.

Aber auch das Gegenteil kann als sehr unangenehm empfunden werden, denn wenn dein Gesprächspartner sehr laut spricht, jedes Wort übertrieben betont und zudem einen sehr dominanten Eindruck macht, wirst du dich ebenfalls nicht besonders wohlfühlen und wahrscheinlich bereits während der ersten paar Sätze versuchen, so schnell wie möglich das Weite zu suchen. Vielleicht hast du dir bis jetzt noch gar keine Gedanken darüber gemacht, wie deine Stimme auf andere Menschen wirkt. Möchtest du jedoch deine Smalltalkfähigkeiten verbessern, so solltest du dies unbedingt tun. Wie das genau funktioniert und welche Übungen dir dabei besonders helfen können, erfährst du bei uns.
Schließlich möchtest du dafür sorgen, dass dein neues Selbstbewusst-

sein auch zum Klang deiner Stimme passt. Denn vor allem, wenn du dich leicht unsicher fühlst kann dies schnell dazu führen, dass deine Stimme plötzlich weniger sympathisch klingt.

Mit einigen Tipps zur perfekten Stimmlage – so gelingt es

Tipp 1.: Lerne deine Stimme kennen

Es kann gut sein, dass du jetzt denkst: „Meine Stimme hört sich einfach so an, wie sie sich nun einmal anhört und ich kann wahrscheinlich wenig daran ändern." Doch das ist nur die halbe Wahrheit. Unsere Stimme wird maßgeblich von unserer aktuellen Gefühlslage beeinflusst. Es ist zum Beispiel ganz oft der Fall, dass wir beginnen viel zu schnell zu sprechen, wenn wir nervös sind und die Stimme auf einmal viel schriller und höher klingt. Zunächst solltest du dich daher unbedingt mit deiner Stimme vertraut machen und herausfinden, wie du dich eigentlich anhörst. Natürlich könntest du auch deine Freunde und deine Familie fragen und sie um ein ehrliches Feedback bitten, doch es ist immer noch besser, sich selbst ein genaues Bild über die eigene Stimmlage zu machen. Nütze zu diesem Zweck entweder ein Diktiergerät oder auch eine Videokamera und nimm deine Stimme auf. Solltest du kein Diktiergerät zu Hause haben, gibt es mittlerweile auch zahlreiche Diktier-Apps, die du einfach auf dein Smartphone laden kannst und schon kann es losgehen.

Nun hör dir selbst beim Sprechen zu und finde heraus, wie die Stimme auf dich selbst wirkt. Gibt es Dinge, die du gerne verändern möchtest? Stört dich der Atemrhythmus oder empfindest du diesen als angenehm? Höre dir die Aufnahmen immer wieder an und überlege dir, welche Punkte du verbessern kannst. Nachdem du ein paar Übungen und Tipps angewendet hast, nimm dich erneut auf und finde heraus, ob sich deine Stimmlage bereits zum Positiven verändert hat.

Tipp.: 2 Die perfekte Stimmlage finden

Wenn man sich zum ersten Mal selbst auf einer Aufnahme hört, kann dies zunächst erschreckend sein, da wir in der Realität komplett anders klingen, als wir dies denken. Vor allem, die Stimmhöhe stellt sich häufig als piepsiger oder auch als tiefer heraus, aber keine Angst, daran lässt sich etwas ändern. Um deine ideale Stimmlage, die auch unter dem Namen Indifferenzlage bekannt ist, zu finden gibt es einen ganz einfachen Trick. Stelle dich zu diesem Zweck in eine Ecke und zwar in einer Entfernung von ca. 30 cm. Wichtig ist es hierbei, dass du dich in Richtung der spitzzulaufenden Wände drehst. Nun beginne damit, in einer sehr hohen Stimmlage zu Summen und zwar in einer konstant gehaltenen Lautstärke. Werde dann immer tiefer und wenn dein Echo auf einmal besonders laut und kräftig klingt, hast du deine ideale Stimmhöhe gefunden. Ein anderer Weg, die Indifferenzlage zu erkennen ist es, einfach an das eigene Lieblingsessen zu denken und so richtig laut „hmmmmm! zu summen. Auch in dieser Situation wirst du die Stimmlage finden, die am besten zu dir passt und dich sich wahrscheinlich daher auch sehr natürlich anfühlt.

Tipp 3.: Der Stimme Kraft geben

Vor allem das richtige Atmen fällt uns sehr häufig schwer, wenn wir in eine Situation geraten, in der wir uns etwas unwohl fühlen und dennoch den anderen von uns überzeugen möchten, wie es sehr häufig bei Smalltalk Situationen der Fall ist. Atmen wir zu wenig aus, klingt unsere Stimme auf einmal leise bzw. kraftlos und das ist der Grund, warum wir häufig von den anderen einfach überhört oder auch sehr häufig unterbrochen werden. Es ist daher wichtig darauf zu achten, dass du während des Sprechens immer wieder tief in den Bauch atmest und so dafür sorgst, dass du eine starke und klare Stimme hast. Doch wie genau funktioniert diese sogenannte Zwerchfellatmung und kann sie trainiert werden? Mit folgender Übung schon: Stell dich einfach vor eine brennende Kerze, wobei sich die Flamme in ca. 10 cm Entfernung von deinem Mund befindet. Atme nun aus und bringe die Flamme der Kerze zum Flackern, ohne sie dabei komplett auszublasen. Als nächstes stellst du dich eine Armlänge entfernt erneut vor die Kerze und machst das gleiche nochmal. Natürlich wirst du nun um einiges mehr Kraft im Atem benötigen, um die Kerzenflamme ebenfalls zum Flackern zu bringen. Die Atmung, die du nun anwendest, ist die sogenannte Bauchatmung und auch diese solltest du regelmäßig üben, wenn du mit deiner Stimme im Smalltalk überzeugen möchtest.

Tipp 4:. Die perfekte Artikulation

Unter dem Wort Artikulation wird die präzise Aussprache von Lauten und Wörtern zusammengefasst und auch dieser ist maßgeblich dafür verantwortlich, ob wir in einem Gespräch mit anderen gehört werden oder nicht. Solltest du bereits von anderen gesagt bekommen haben oder auf der Tonbandaufnahme selbst bemerken, dass du verschiedene Silben einfach verschluckst oder nachstößt, solltest du von nun an versuchen, etwas langsamer zu sprechen, bewusst zu atmen und auf die Aussprache der einzelnen Wörter genau zu achten. Auf diese Weise sorgst du bereits dafür, dass deine Aussprache automatisch besser wird. Sollte dies dennoch nicht ausreichen, sind sogenannte Zungenbrecher perfekt dafür geeignet, um die Artikulation zu trainieren und auf diese Weise zu einer deutlicheren Aussprache zu gelangen.

Tipp 5.: Die richtige Modulation als Schlüsselfaktor für einen erfolgreichen Smalltalk

Vielleicht ist es auch dir folgendermaßen in der Schule ergangen: Ein Lehrer schafft es, selbst das spannendste Thema uninteressant klingen zu lassen, indem er einfach eine äußerst einschläfernde Stimme besitzt. Bei einem anderen hingegen, hören alle gerne zu und er bringt einfach Schwung in jedes noch so trockene Fachgebiet. Häufig ist die sogenannte Modulation dafür verantwortlich, ob wir jemandem gerne beim Reden zuhören, oder uns lieber so schnell wie möglich aus dem Gespräch zurückziehen wollen. Dabei handelt es sich um die Fähigkeit, eine Variation in die Stimme zu bringen und somit dafür zu sorgen, dass einfach alles spannender klingt. Aber Achtung: Übertreibt man es mit der Modulation, kann es ganz schnell passieren, dass alles etwas komisch klingt und man das Gefühl hat, dass der Redner selbst das Gesagte gar nicht ernst meint. Um ein Gefühl dafür zu bekommen, wie sich gute Modulation wirklich anhört, wie Pausen effektvoll gesetzt werden und auch die Sprechgeschwindigkeit an die jeweilige Situation richtig angepasst werden kann, solltest du zum Beispiel Hörbücher hören. Vor allem bekannte Sprecher schaffen es oft auf perfekte Art und Weise, dem Thema entsprechend die am besten geeignete Modulation zu wählen und so dafür zu sorgen, dass die Geschichte so richtig an Fahrt aufnimmt.

Tipp 6.: Eine aufrechte Körperhaltung kommt nicht nur deiner körperlichen Ausstrahlung zugute

Wie bereits erwähnt, ist eine aufrechte Körperhaltung maßgeblich dafür verantwortlich, wie wir von anderen wahrgenommen werden. Aber auch deiner Stimme gibst du einfach mehr Platz zu wirken, wenn du auf deine Körperhaltung achtest und du nicht einfach wie ein schlaffer Sack dastehst. Das liegt vor allem daran, dass jeder Ton einen Resonanzkörper benötigt, um seinen vollen Klang entfalten zu können und im Falle unsere Stimme ist das natürlich der menschliche Körper.

Stell dich für die nächste Übung vor einen Spiegel und stelle dir vor, dass oben an deinem Kopf ein Faden befestigt ist, der diesen Richtung Decke zieht und ziehe deine Schultern leicht nach hinten. Sage nun irgendeinen Satz. Im 2. Teil der Übung lässt du deine Schulter nach vorne fallen, siehst mit den Kopf zum unteren Ende des Spiegels und sagst den Satz erneut. Schnell wirst du merken, welche Unterschiede die beiden Positionen machen und von nun an bestimmt häufiger darauf Acht geben wie deine Körperhaltung während einer Smalltalk Situation ist. Das ganze verliert natürlich auch beim Sitzen nicht an Wichtigkeit und auch hier ist es empfehlenswert immer darauf zu achten, eine möglichst aufrechte Körperhaltung einzunehmen. Zwar ist dies anfangs etwas anstrengend, mit der Zeit wird es jedoch immer einfacher werden und auch deine Wirkung auf andere Menschen verbessert auffallen.

Tipp 7.: Die richtige Atmung als Königsdisziplin beim Sprechen

Nahezu alle Menschen beginnen in Situationen, in denen sie nervös sind, falsch zu atmen und das hat auch einen ganz einfachen Grund. Unser Puls steigt nach oben, wenn wir aufgeregt sind und plötzlich hat unser Körper das Gefühl, mehr Sauerstoff zu benötigen. Mithilfe verschiedener Atemtechniken ist es jedoch ganz einfach möglich, ein höheres Atemvolumen zu bekommen und auf diese Weise dafür zu sorgen, dass wir selbst wenn wir auch noch so nervös sind, uns dies zumindest nicht anmerken zu lassen.

Eine besonders effektive und dennoch einfache Atemübung, die du überall durchführen kannst ist folgende: Nimm dir morgens oder abends etwas Zeit, um dich flach auf deinen Rücken zu legen. Platziere nun beide Handflächen parallel zueinander auf deinem Bauch und zwar am besten zwischen deinem Nabel und deinem Magen. Atme nun tief ein und achte darauf, dass sich dein Bauch hierbei nach oben hebt. Halte nun für einige Sekunden die Luft an, bevor du wieder ausatmest. Dabei senkt sich dein Bauch auf natürliche Art und Weise wieder ab. Mit dieser einfachen Übung kannst deine Bauchatmung innerhalb kürzester Zeit verbessern und schon bald in jeder noch so stressigen Situation perfekt anwenden.

- KAPITEL ZEHN -

Lass deinen Körper für dich sprechen: so verzauberst du dein Gegenüber beim Smalltalk mit der richtigen Körpersprache

WIR HABEN NUN BEREITS einiges darüber gelernt, was wir beachten müssen, wenn wir in Smalltalk Situationen unser Gegenüber von uns überzeugen wollen und einen möglichst sympathischen Eindruck machen möchten. Es gibt jedoch einen Punkt, den wir dabei meist nicht ganz so gut unter Kontrolle haben und dabei handelt es sich um die Körpersprache. Häufig sagen wir mit unserem Körper nämlich ganz etwas anderes, als mit unserem Mund und das ist auch der Grund, warum wir häufig nicht ganz die Wirkung erzielen, die wir eigentlich wollen. Das muss jedoch nicht unbedingt sein.

Mit den folgenden neun einfachen Tricks wirst du es schaffen, mit deiner Körpersprache dein Gegenüber ebenfalls von dir zu überzeugen und dafür sorgen, dass sich dieser noch lieber mit dir unterhält. Vor allem beim Smalltalk ist es wichtig, immer authentisch zu wirken und genau dieses Ziel kannst du erreichen, indem du mit deinem Körper und deiner Sprache das gleiche sagst.

Trick 1: Eine positive Einstellung macht den Unterschied

Unser Körper spricht einfach immer, auch wenn wir es häufig nicht bewusst wahrnehmen und daher ist es auch besonders schwer, diesen Faktor dauerhaft zu kontrollieren. Ein erster wichtiger Schritt zu einer besseren Körpersprache ist es daher, an der geistigen Einstellung zu arbeiten und sich positiv der Situation gegenüber zu öffnen. Vielleicht hast du ja in Wahrheit gar keine Lust, mit dem ein oder anderen ein Gespräch zu führen und daher gelingt es auch nicht, die Person im Smalltalk von dir zu überzeugen. Du boykottierst das Gespräch nämlich bereits im Vorhinein unbewusst und aus diesem Grund ist es wichtig, zunächst deine innere Einstellung zu deinem Gesprächspartner zu ändern. Das gelingt am besten, indem du dich selbst davon überzeugst, dass das folgende Gespräch doch ganz toll werden kann und du dich auf die positiven Eigenschaften deines Gesprächspartners konzentrierst. Zeig dich einfach freundlich, setz ein nettes Lächeln auf und auch deine Körpersprache wird sich im Handumdrehen verbessern.

Sollte dies dennoch nicht gelingen, denke einfach an eine schöne Situation, die dir vor kurzem passiert ist und schon bekommst du eine positive Ausstrahlung, was natürlich auch dein Gesprächspartner wahrnehmen wird. Eine weitere Möglichkeit, um eine negative Geisteshaltung bereits von Anfang an zu verhindern ist es, sich im Geiste zu fragen, wie man dem anderen helfen kann. Auch auf diese Weise wirst du deinem Gesprächspartner sofort eine freundlichere Geisteshaltung entgegenbringen können und ihn oder sie für dich gewinnen.

Trick 2.: Übe deine Gesichtsausdrücke

Wir alle wissen, die Wahrheit zeigt sich meist im Gesicht. Dennoch haben viele Menschen das Problem, dass ihr neutraler und entspannter Gesichtsausdruck einfach etwas gelangweilt oder vielleicht sogar streng aussieht. Daher solltest du deine Gesichtsausdrücke unbedingt analysieren und in Zuge dessen selbstverständlich auch trainieren, um ungewollte Missverständnisse vorzubeugen und dafür zu sorgen, dass dein Gesprächspartner beim Smalltalk nicht ein völlig falsches Bild von der Situation bekommt. Stelle dich zu diesem Zweck vor einen Spiegel und denke an verschiedene Situationen in deinem Leben, die dich entweder glücklich gemacht haben, du besonders spannend gefunden hast oder die dich auch gelangweilt haben. Auf diese Weise bekommst du ein viel besseres Gefühl für deine Mimik und dies wird dir von nun an beim Smalltalk einen entscheidenden Vorteil bringen.

Trick 3.: Schau mir in die Augen Kleines – warum Augenkontakt besonders wichtig ist

Jemanden tief in die Augen zu schauen hat etwas sehr intimes und ist uns Menschen daher in vielen Fällen unangenehm. Aus genau diesem Grund ist es auch selbstverständlich, dass wir dazu neigen, vor allem beim erstem Kennenlernen und Gespräch mit jemandem den Blick häufig in die Ferne schweifen zu lassen oder einfach immer wieder auf etwas anderes zu wenden, als unseren Gesprächspartner. Ist das auch bei dir der Fall und du vermeidest gerne direkten Augenkontakt, solltest du von nun an immer wieder versuchen, deinem Gegenüber dennoch kurz und dafür fest in die Augen zu sehen. Auf diese Weise zeigst du, dass du dem Gespräch folgst und konzentriert zuhörst. Natürlich sollst du ihm oder ihr nicht die ganze Zeit in die Augen starren, doch ein netter Blick und ein kleines Lächeln zwischendurch führen dazu, dass du vertrauensvoll, freundlich und auch offen wirkst.

Trick 4.: Drehe dich zu deinem Gesprächspartner

Wie wir bereits wissen, haben wir Menschen einen Fluchtinstinkt und daher ist es ganz normal, dass wir uns in Gesprächssituationen, in denen wir uns nicht so richtig wohlfühlen von unserem Gegenüber abwenden, um auf diese Weise jederzeit „fliehen“ zu können. Das nimmt jedoch auch unser Gesprächspartner, zumindest unbewusst, wahr und so ist es ganz einfach möglich, dass wir unsere Sympathie bereits am Anfang des Gesprächs verspielen, ohne dass uns dies überhaupt bewusst ist. Versuche dich daher beim Smalltalk deinem Gesprächspartner voll und ganz zu widmen und achte darauf, dass sowohl dein Oberkörper als auch deine Füße in seine Richtung zeigen. Dies kann vor allem am Anfang etwas ungewohnt wirken, wird jedoch dazu führen, dass sich der andere von dir wahrgenommen fühlt und dich somit als aufmerksamen Menschen einstuft. Sollte dies aufgrund der anderen Gesprächspartner nicht möglich sein oder dazu führen, dass du dich einfach total unwohl fühlst, kannst du dich auch leicht schräg von deinem Gesprächspartner positionieren. Auf diese Weise achtest du noch immer auf eine höfliche Körpersprache, ohne dich selbst in eine missliche Lage zu bringen, in der du dich unsicher fühlst.

Trick 5. : Trainiere einen sympathischen Auftritt

Immer wieder kommen wir im Alltag in Situationen, in denen wir einen Raum oder Platz betreten müssen, wo sich zahlreiche fremde Menschen befinden. Wie wir bereits gehört haben, machen wir uns bereits in den ersten Sekunden ein Bild vom anderen und daher sollten wir bereits beim Betreten eines Raumes bzw. einer Situation auf unsere Körpersprache achten. Das kannst du ganz leicht steuern, indem du einfach bereits bevor du dich in die Situation begibst daran denkst, dass auf der anderen Seite nur Freunde auf dich warten und du dich bereits drauf freust, sie endlich kennenzulernen.

Versuche anschließend, möglichst offen und aufrecht den Raum zu betreten und schenke den anderen ein Lächeln. Auch gezielter Augenkontakt kann bereits in diesem Moment ausschlaggebend dafür sein, wie erfolgreich die späteren Smalltalks sein werden. Wenn du das ein oder andere bekannte Gesicht in der Runde entdeckst, grüße die Person am besten mit einem kurzen Kopfnicken oder einer kleinen

Handbewegung. Dies schafft nicht nur Vertrautheit, sondern symbolisiert auch, dass du dich darüber freust, den anderen zu sehen. Viele Menschen machen kleine Gesten wie diese auch, um besser in einer neuen Situation anzukommen, auch wenn sie eigentlich gar niemanden kennen. In diesem Fall solltest du natürlich darauf achten, keinen gezielten Blickkontakt herzustellen, um eine andere Person nicht in Verlegenheit zu bringen und den Eindruck zu erwecken, dass er oder sie sich nicht mehr an dich erinnern kann.

Trick 6.: Der Händedruck als Visitenkarte der Smalltalk-Profis

Auch wenn du es nicht für möglich halten wirst, ein Händedruck sagt viel mehr über dich aus, als du zunächst denkst. In nahezu allen Kulturen wird die Tradition des Handschlags als Begrüßung ausgeübt und daher kannst du einfach nichts falsch machen, wenn du deinem Gegenüber vor dem Smalltalk zunächst die Hand entgegenstreckst und ihn begrüßt. Solltest du eine völlig neue Person vor dir haben, stelle dich zusätzlich mit wenigen Worten vor. Beim Händedruck selbst solltest du darauf Wert legen, dass dieser keinesfalls zu fest aber auch nicht zu lasch ausfällt. Drückst du die Hand deines Gegenübers zu sanft, könnte dies als Zeichen deiner Schwäche oder auch Unsicherheit gedeutet werden. Drückst du die Hand hingegen zu fest, wirkt dies im Normalfall sehr präpotent und auch übertrieben. Das richtige Mittelmaß findest du am besten, wenn du diese Geste mit einem dir vertrauten Menschen übst, denn die Wirkung eines richtigen Händedrucks darf keinesfalls unterschätzt werden.

Trick 7.: Widerstehe der Versuchung, dich anzulehnen

Eine Abendveranstaltung oder auch ein Meeting kann sich häufig sehr in die Länge ziehen und vor allem wenn du mit mehreren Menschen Smalltalk geführt hast, macht sich wahrscheinlich nach einer gewissen Zeit Müdigkeit breit. Dennoch solltest du dringend der Versuchung widerstehen, dich während eines Gesprächs abzustützen oder anzulehnen. Diese Vorgehensweise wird deinem Gesprächspartner nämlich symbolisieren, dass du entweder bereits müde bist oder einfach das Gespräch mit ihm oder ihr als langweilig empfindest. Nimm dir lieber zwischendurch eine Pause und hole dir ein Getränk, um wieder zu Kräften zu kommen, bevor du anschließend das nächste Gespräch startest.

Trick 8.: Was soll man nur mit den Händen tun?

In angespannten neuen Situationen neigen wir Menschen dazu, ständig mit unseren Händen zu spielen und zeigen auf diese Weise, dass wir unsicher oder auch nervös sind. Während wir mit den Händen vor unserem Körper symbolisieren, dass wir nicht wirklich offen sind, wirkt das Verschränken der Hände hinter dem Rücken hingegen ebenfalls zurückhaltend und eher skeptisch. Die Hände einzustecken ist ebenfalls keine gute Idee, daher solltest du sie im Idealfall einfach locker hängen lassen. Dies könnte dir vor allem anfangs sehr schwer fallen, doch auch hier gibt es einen kleinen Trick. Nimm einfach ein Glas Wasser oder auch ein anderes Getränk in die Hand und stelle es zwischendurch einfach ab. Auf diese Weise symbolisierst du deinem Gesprächspartner Offenheit, hast aber dennoch die Möglichkeit etwas in die Hand zu nehmen und einfach einen Schluck zu trinken, wenn du unsicher wirst.

Trick 9.: Für absolute Smalltalk Profis – so spiegelst du dein Gegenüber

Wie du dir bereits denken kannst, geht es bei diesem Trick darum, die Mimik und Gestik deines Gesprächspartners auf unauffällige Art und Weise zu kopieren und so dafür zu sorgen, dass sich dieser von dir wahrgenommen und verstanden fühlt. So wirst du im Handumdrehen die Sympathie deines Gegenübers gewinnen.

Sollte dieser also gerade sein Getränk zur Hand nehmen, nimmst du deines einfach ebenfalls kurze Zeit später zur Hand. Schenkt er oder sie dir ein Lächeln, lächle zurück, während du natürlich auch die Arme verschränkst, wenn er oder sie das gleiche tut. Es handelt sich hierbei um eine sehr gut erforschte und in vielen Fällen äußerst erfolgreiche Möglichkeit, um dein Gegenüber von dir zu überzeugen. In einigen Studien konnte sogar herausgefunden werden, dass wir die Körpersprache des anderen automatisch annehmen, wenn wir diesen als sehr angenehmen Gesprächspartner empfinden. Um das Spiegeln jedoch wirklich zu beherrschen, ist es wichtig darauf zu achten, dass du es nicht übertreibst. Du musst nämlich vor allem bei gesellschaftlichen Anlässen immer wieder davon ausgehen, dass du es durchaus mit einem Smalltalk-Profi zu tun haben könntest, der die Technik des Spiegelns ebenfalls beherrscht und vielleicht sogar bei dir anwendet. Gehe daher möglichst unauffällig und vorsichtig vor.

- KAPITEL ELF -

Humor – die Würze eines jeden gelungenen Smalltalks

NICHT NUR ÜBER GESCHMACK lässt sich streiten, auch über Humor, dennoch kann die ein oder andere gutplatzierte Pointe jedes Gespräch auflockern. Jeder von uns umgibt sich nämlich lieber mit Menschen, die gerne lachen, fröhlich sind und zudem auch noch unterhaltsam. Möchtest du bei deinem Gegenüber Pluspunkte sammeln, so kann es daher ein echter Geheimtipp sein, ihm oder sie zum Lachen zu bringen. Erfahrungsgemäß tun vor allem Erwachsene dies nämlich viel zu selten. Tatsächlich zeigt sich in Statistiken, dass Kinder bis zu 400 mal am Tag lachen, während dies Erwachsene nur mehr 20 mal tun und das sollte man doch dringend ändern, oder? Auch die heilsame Wirkung des Lachens konnte mittlerweile eindeutig bewiesen werden, was nur ein weiterer Grund ist, warum guter Humor einfach immer angebracht ist. Natürlich gibt es auch Situationen und Gesprächsthemen, die du keinesfalls dafür missbrauchen solltest, um einen Witz zu machen. Dazu zählen vor allem sehr persönliche Themen wie zum Beispiel Trauerfälle, Krankheiten oder ähnliches. Auch das Reißen von einer Pointer nach der anderen kann sehr schnell aufgesetzt und vor allem lächerlich wirken, wodurch sich dein Gesprächspartner höchstwahrscheinlich nicht mehr ernst genommen fühlen wird. Weiters sind anzügliche Andeutungen sowie homophobe oder auch rassistische Witze jeglicher Art zu vermeiden, da man mit diesen schnell in ein Fettnäpfchen tappen könnte, aus dem man wahrscheinlich so schnell nicht mehr herauskommt. Im schlimmsten Fall ist es sogar möglich, mit solchen unangebrachten Aussagen den eigenen Job zu gefährden und das will im Normalfall keiner von uns.

Nichtsdestotrotz kann Humor perfekt dafür geeignet sein, um angespannte Situationen zu entkrampfen und das Gespräch aufzulockern. Wer diese Kunst beherrscht, ist wahrscheinlich bei allen als Gesprächspartner gerne willkommen und hinterlässt zudem einen sympathischen Eindruck.

Am besten gelingt es im Smalltalk mit Humor zu glänzen, indem du einfach eine lustige Anekdote aus deinem eigenen Leben erzählst. Auf diese Weise beweist du nicht nur, dass du gerne etwas von dir Preis gibst und offen bist, du zeigst zudem, dass du auch über dich selbst schmunzeln kannst und dir nicht zu schade dafür bist, dies auch zu tun. Wenn du ansonsten nicht zu den Menschen gehörst, die sich sofort in einer neuen Runde oder bei einem lockeren Gespräch mit einer witzigen Geschichte in den Vordergrund stellen wollen, ist dies ganz natürlich. Zu einer humorvollen Äußerung gehören nämlich in vielen Fällen Spontanität und vor allem auch Mut. Diese Eigenschaften kannst du jedoch ebenfalls trainieren, indem du zunächst einfach bei dir bekannten Personen versuchst, eine witzige Geschichte zu erzählen. Dabei solltest du bereits während der Geschichte und auch danach auf die Reaktionen der einzelnen anwesenden Personen achten und wirken diese authentisch, wirst du schon bald das Selbstbewusstsein haben, um die Geschichte auch bei der fremden Menschen zu erzählen.

Eine Stolperfalle, die es auf dem Weg zur erfolgreichen, lustigen Geschichte zu vermeiden gilt ist es, zu sehr zu übertreiben und ausschweifender als notwendig zu erzählen. Gute humorvolle Anekdoten zeichnen sich dadurch aus, dass sie kurz sind und jeder ohne Probleme folgen kann. Nichts wird langweiliger, als eine zu lange Story, bei der man sich nur mehr wünscht, dass der Gesprächspartner endlich auf dem Punkt kommt, um sich anschließend jemandem anderen zuwenden zu können.

Wenn du auf diese Feinheiten achtest, wirst du beim Smalltalk schon bald zusätzlich mit deiner humorvollen und offenen Art überzeugen.

Smalltalk Etikette – diese Regeln der Höflichkeit gilt es unbedingt einzuhalten

Es spielt keine Rolle, ob du im privaten oder beruflichen Kontext einen Smalltalk führst, gewisse Benimmregeln solltest du dabei immer einhalten, um dafür zu sorgen, dass sich der andere auch wirklich wohl in deiner Umgebung fühlt und dir kein Fauxpas unterläuft. Wir haben nun die wichtigsten Regeln für dich zusammengefasst, die du im Umgang mit anderen Menschen unbedingt beachten solltest, wenn du einen erfolgreichen Smalltalk führen und einen guten Eindruck hinterlassen möchtest.

- Wahre Distanz und lasse deinem Gegenüber seinen Freiraum.

Jeder Mensch hat ein unterschiedliches Nähe-Distanzgefühl und das ist auch völlig in Ordnung. Manche Personen neigen dazu, vor allem in Smalltalk Situationen mit ihnen eigentlich noch wenig bekannten Menschen, zu nahe an diese heranzutreten und sie vielleicht sogar gleich zu berühren. Du solltest auf alle Fälle versuchen, nicht zu diesen Menschen zu gehören, da sie häufig dafür sorgen, dass man am liebsten so schnell wie möglich das Weite suchen möchte.

• Grundlegende Höflichkeitsformen müssen immer eingehalten werden.

Es spielt keine Rolle, wie gestresst oder nervös du gerade bist, ein nettes Bitte oder Danke sollte zu jederzeit möglich sein. Das gilt vor allem beim Smalltalk, wenn dir zum Beispiel ein Kellner ein Glas Sekt vorbeibringt. Auf diese Weise zeigst du deinem Gesprächspartner, dass du weißt, was sich gehört und du respektvoll und höflich mit allen Menschen umgehst.

• Bei der Begrüßung gilt es die richtige Reihenfolge einzuhalten.

Kommst du zu einer Gesprächsrunde hinzu ist es wichtig, auf die richtige Reihenfolge bei der Begrüßung zu achten. Zunächst gilt es, die ranghöchste Person zu begrüßen, gefolgt von den anwesenden Damen. Sollten sich nur Herrn in der Runde befinden, die sich im Rang nicht voneinander unterscheiden, gilt es den älteren Personen zuerst Beachtung zu schenken.

• Zu viel des Guten wirkt leicht übertrieben.

Auf allzu antiquierte Formen der Höflichkeit gilt es beim Smalltalk allerdings zu verzichten. Vor allem beim Begrüßen von Damen ist es absolut nicht mehr angebracht, den früher üblichen Handkuss auszuführen. Die Formulierung „angenehm, Sie kennenzulernen", hört man mittlerweile auch immer seltener. Sag stattdessen lieber: „Ich freue mich sehr dich/Sie kennenzulernen." Auf diese Weise sorgst du ebenfalls dafür, dass sich dein Gegenüber gut fühlt und du nicht zu affektiv wirkst.

• Vergiss nicht auf deine Visitenkarten.

Steht ein wichtiges Business Meeting an oder ein großes Event, bei dem du mithilfe von Smalltalk zahlreiche gute Kontakte knüpfen kannst, solltest du für den Fall des Falles immer deine Visitenkarten dabei haben. Diese werden üblicherweise nämlich in Anschluss einer erfolgreich geführten Plauderei ausgetauscht. Dabei solltest du daran denken, eine dir überreichte Visitenkarte nicht sofort in die Tasche zu stecken, sondern diese kurz zu betrachten und im Idealfall ein kleines Kompliment zu dieser zu machen. Anschließend verstaust du sie am besten sorgfältig in deinen Unterlagen. Tust du das nicht, könnte dein Gegenüber davon ausgehen, dass du wenig interessiert an einer weiteren persönlichen oder geschäftlichen Verbindung bist.

• Der richtige Umgang mit den akademischen Graden deines Gesprächspartners.

Sollte dein Gegenüber bereits beim gegenseitigen Vorstellen den eigenen akademischen Titel wie zum Beispiel einen Doktor-oder Professorentitel erwähnen, kannst du davon ausgehen, dass dieser für die Person von großer Bedeutung ist. Daher ist es wichtig, diesen zwischendurch ebenfalls gemeinsam mit dem Namen zu nennen, wenn du die Person erneut ansprichst. Solltest du bereits vor dem Gespräch davon in Kenntnis geworden sein, dass dein aktueller Smalltalkpartner über mehrere akademische Titel verfügt, sprichst du ihn oder sie besten einfach mit dem höchsten an, denn so kannst du nichts falsch machen.

• Werde nicht zu schnell allzu persönlich.

Jemanden bei einem Smalltalk gleich zu duzen ist immer eine etwas heikle Angelegenheit, da dein Gegenüber im Extremfall den Eindruck bekommen könnte, dass du grundlegende Höflichkeitsformen nicht beherrscht oder du einfach kein Respekt vor ihm oder ihr hast. Vor allem bei ranghöheren. aber auch bei älteren Personen, solltest du daher unbedingt auf das „Du“ verzichten, bis dir dieses von der jeweiligen Person von sich aus angeboten wird. Wird dir jedoch zum Beispiel beim Smalltalk auf einer feuchtfröhlichen Firmenfeier plötzlich vom Chef das Du-Wort angeboten und du bist dir gar nicht mehr ganz sicher, ob er sich am nächsten Tag überhaupt noch daran erinnern kann, solltest du lieber wieder zur Höflichkeitsform zurückkehren. Erst wenn die ranghöhere Person dich wieder daran erinnert, dass ihr ab jetzt per Du seid.

- KAPITEL ZWÖLF -

Jetzt wird es ernst – Stelle deine Smalltalkfähigkeiten unter Beweis

DU HAST DICH NUN bereits sehr gewissenhaft auf zukünftige Smalltalk Situationen vorbereitet und dir überlegst, wie du mit der richtigen Ausstrahlung, deiner Körpersprache und vor allem auch der perfekten Kleiderwahl dafür sorgen wirst, dass du deinem Gegenüber auf Anhieb sympathisch bist. Der wirklich entscheidende Punkt kommt jedoch dann, wenn du das erste Mal direkten Kontakt zu einem anderen aufnimmst, mit dem du gerne einen Smalltalk führen möchtest. Vor allem, wenn es sich hierbei um eine dir komplett unbekannte Person handelt, wird es meist schwierig. Richtig kompliziert ist es jedoch vor allem dann, wenn du dich einer ganzen Gruppe annähern möchtest. Hier stellt sich natürlich die Frage, wie beginnst du am besten das Gespräch bzw. wie kannst du dich in die bereits vorhandene Runde einbringen, ohne als Störenfried wahrgenommen zu werden?

Du sollst zunächst wissen, dass es keine andere Möglichkeit gibt, als den Schritt einfach zu wagen und es zu tun. Nimm dafür all deinen Mut zusammen, lege dir einen geeigneten Gesprächseinstieg zurecht und gehe mit festem Schritt auf die Person zu. Am Anfang ist es hierbei empfehlenswert, sich zunächst jemanden anzunähern, der vielleicht gerade sowieso gelangweilt herumsteht und selbst nicht genau weiß, wie er oder sie mit jemand anderes ins Gespräch kommen kann. Eines solltest du jedoch wissen, die erste Situationen, in denen du von dir aus auf jemanden anderen zu gehst und einen Smalltalk beginnst, wird dich immer viel Kraft und vor allem auch Überwindung kosten. Das ist jedoch komplett normal und ich kann dir versichern, niemanden geht es dabei anders. Natürlich helfen dir unsere Tipps maßgeblich dabei, diese Situation so einfach wie möglich zu gestalten, dennoch handelt es sich nur um eine theoretische Vorbereitung, die erst wirklich zum Einsatz kommen kann, wenn du den ersten Schritt wagst und du dich gezielt in eine Smalltalk Situation begibst. Auch wenn das erste und vielleicht auch das zweite Mal nicht ganz so erfolgreich verlaufen sollten, wie du dir das vielleicht vorgestellt hast, verliere bloß nicht den Mut. Von Mal zu Mal wird es einfacher werden und du wirst erkennen, dass auch du das Zeug zum absoluten Smalltalkprofi hast. Schon bald werden nette Plauderei zwischendurch so selbstverständlich für dich sein, dass du dich fragen wirst, warum du diese früher eigentlich gescheut hast, da es sich doch um absolute Routine handelt, die nicht nur dazu beiträgt, dass du wichtige und erfolgreiche Beziehungen zu anderen Menschen aufbauen kannst, sondern auch noch so richtig Spaß machen können.

Ein weiterer wichtiger Tipp kann es sein daran zu denken, dass es in den ersten paar Minuten des Smalltalks vor allem darauf ankommt, welchen Eindruck du auf dein Gegenüber aufgrund deiner Körperhaltung, deiner Körpersprache und natürlich auch deiner Stimme machst. Auf diese Punkte konntest du dich natürlich mit den bereits genannten Übungen schon bestens vorbereiten. Der Inhalt des Gesagten trägt hingegen nur ca. 7 % zum ersten Gesamteindruck bei, den dein Gegenüber von dir bekommt. Solltest dir also nicht sofort die wichtigsten Anekdoten oder interessantesten Fakten einfallen, setze dich bitte nicht unter Druck, denn diese würden von deinem Gesprächspartner sehr wahrscheinlich sowieso nicht wirklich geschätzt werden. Primär geht es zunächst darum, eine gute Beziehung zum anderen aufzubauen und sich langsam an ein echtes Gesprächsthema heranzutasten.

Den richtigen Gesprächseinstieg finden

Auch wenn du wahrscheinlich vor dem Gesprächseinstieg beim Smalltalk den größten Respekt hast, ist dieser einfacher und unkomplizierter, als du am Anfang vielleicht denken würdest. Das liegt vor allem daran, dass es hierfür keine klaren oder strengen Regeln zu beachten gilt und du eigentlich jedes Thema wählen kannst, über das du gerne sprechen möchtest. Dass es hierbei dennoch einige wichtige Verhaltensweisen zu beachten gilt, werden wir noch etwas später genauer erfahren. Das Wichtigste beim Gesprächseinstieg in einen Smalltalk ist es darauf zu achten, zunächst eine Frage zu stellen, um der anderen Person die Möglichkeit zu bieten, auf diese zu antworten. Erst wenn das gelingt, kann ein echtes Gespräch entstehen, bei dem man sich über die verschiedenen Meinungen austauscht bzw. jeder einmal zu Wort kommen kann. Bevor du damit beginnst dein Gegenüber anzusprechen, ist es wichtig offen und freundlich auf diesen zuzugehen, wie wir bereits wissen. Lächle sie oder ihn zu diesem Zweck einfach an und symbolisiere deinem neuen Smalltalk Gesprächspartner somit, dass du dich bereits auf die gemeinsame Unterhaltung freust. Auch Blickkontakt aufzunehmen ist hierbei von entscheidender Bedeutung,

um einen erfolgreichen Start in den Smalltalk zu ermöglichen.
Als perfekten Einstieg in einen Smalltalk können unter anderem offene Fragen wie zum Beispiel

• „Wie gefällt Ihnen denn die Party?"

• „Woher kennen Sie den Gastgeber?"

• oder auch „Was hat Ihnen am Buffet besonders gut geschmeckt?" dienen.

Vor allem am Anfang des Gesprächs solltest du unbedingt darauf achten, vor allem auf offene Fragen zurückzugreifen, um dein Gegenüber dazu zu bringen, etwas mehr von sich preiszugeben, wodurch eine weitere Gesprächsführung zunehmend einfacher wird, da du mehr und mehr über die Person erfährst. Bei sogenannten offenen Fragen handelt es sich um Fragestellungen, die dem Gegenüber nicht ermöglichen, einfach mit Ja oder Nein zu antworten.
Geschlossene Fragen, die es zu vermeiden gilt, sind unter anderem folgende:

• „Kennen Sie den Gastgeber schon länger?"

• „Besuchen Sie häufig Seminare?"

• „Hat Ihnen der Vortrag gefallen?"

• „Schmeckt Ihnen das Gericht?"
Stattdessen sollten Sie auf folgende Fragestellungen zurückgreifen, um mehr über den anderen zu erfahren und somit einen erfolgreichen Smalltalk starten zu können:
• „Woher kennen Sie den Gastgeber?"

• „Was hat Ihnen denn am Seminar am besten gefallen?"

• „Welche Argumentation beim Vortrag fanden Sie am einleuchtendsten/konnten sie gar nicht nachvollziehen?"
• „Gibt es ein Gericht, dass Sie mir empfehlen können?"

Die richtigen Worte finden – Ideen für den Gesprächseinstieg

Vielleicht gelingt es dir auch nach längerem Nachdenken nicht, ein Thema zu finden, dass dir geeignet vorkommt, um auf den anderen zuzugehen und mit ihr oder ihm einen Smalltalk zu beginnen. Das ist auch nicht weiter verwunderlich, denn es gibt kaum etwas schwierigeres, als ein Thema zu finden, über das man mit einer Person, über die man eigentlich überhaupt nichts weiß, reden möchte bzw. kann. Dabei solltest du dir jedoch immer Augen halten, dass das absolut peinlichste, dass du tun kannst eigentlich ist, gar nichts zu sagen und den anderen somit einfach hilflos gegenüber zu stehen. Auch wenn du es vielleicht nicht denkst, Themen, die nahezu immer perfekt geeignet sind, um einen Smalltalk zu beginnen gibt es viele und einige davon möchten wir dir nun genauer vorstellen. So wirst auch du den nächsten Einstieg in einen Smalltalk bestimmt bravourös meistern.

• Ein tagesaktuelles Thema wählen.

Ein tagesaktuelles Thema kann sich perfekt dazu eignen, um mit einer anderen Person ins Gespräch zu kommen. Hierbei ist es jedoch sehr wichtig, auf keine zu komplexen oder auch streitbaren Themen bzw. Konflikte zurückzugreifen, da du dich ansonsten schnell in einem Fettnäpfchen befinden könntest. Gut geeignet sind hingegen Neuigkeiten aus der Region. Vielleicht wird ja ein neues Einkaufscenter eröffnet oder die neue Sporthalle wurde endlich genehmigt, für die sich die Bewohner eines Ortes bereits seit langer Zeit eingesetzt haben. Sprichst du ein solches Thema an, zeigt dies, dass du dich auch mit Politik und tagesaktuellen Themen auseinandersetzt und du somit ein offener und interessanter Gesprächspartner bist.

• Stelle einen Bezug zur aktuellen Situation her.

Es spielt keine Rolle, ob du und dein Smalltalk Partner gerade einen Vortrag gehört habt oder ihr einfach am Buffet steht und die leckeren Snacks genießt. Versuche zum Beginn eines Smalltalks immer einen Bezug auf die aktuelle Situation herzustellen und du wirst deinem Gesprächspartner als sympathischer und vor allem auch aufmerksamer Mensch in Erinnerung bleiben. Hierbei ist es jedoch ebenfalls wichtig, nur positive Dinge anzusprechen und nicht sofort Kritik an der Veranstaltung, dem Essen, den anwesenden Personen oder ähnlichem zu üben. Ansonsten kann es passieren, dass du den Eindruck eines sehr kritischen und alles andere als weltoffenen Geist vermittelst.

• Mache ein ehrlich gemeintes Kompliment.

Wie bereits erwähnt, kann man sich mit Komplimenten häufig auf dünnes Eis bewegen. Richtig eingesetzt, können diese jedoch dazu führen, dass der Smalltalk besonders gut gelingt und du deinem Gegenüber von Anfang an sehr sympathisch bist. Wichtig ist hier darauf zu achten, nicht zu schnell allzu persönlich zu werden und somit Grenzen zu übertreten. Absolut in Ordnung ist es zum Beispiel deinen Smalltalk Partner auf seine tolle Krawatte anzusprechen und zu fragen, wo es diese denn zu kaufen gibt. Als Frau hast du zudem die Möglichkeit, einer anderen Dame ein Kompliment zu ihren Schuhen auszusprechen oder den tollen Haarschnitt zu bewundern. Sparsam und dennoch gezielt eingesetzte Komplimente können also echte Türöffner sein, die es nicht zu unterschätzen gilt.

• Versuche so schnell wie möglich gemeinsame Themen zu finden.

Wenn du dich gemeinsam mit anderen Personen auf einer Veranstaltung, einem Fest oder auch einem Meeting befindest, werdet ihr zumindest eine große Gemeinsamkeit haben, die euch verbindet. Höchstwahrscheinlich kennt ihr beide den Gastgeber, seit vielleicht in der gleichen Branche tätig oder steht gerade beim Bäcker, weil ihr beide Lust auf ein leckeres Brötchen habt. Versuche so schnell wie möglich herauszufinden, wo genau diese Gemeinsamkeit liegt und baue darauf ein Gespräch auf.

• Ehrlichkeit währt am besten.

Scheue dich keinesfalls davor, am Anfang eines Gespräches absolut ehrlich zu sein und vertraue auf deine Ausstrahlung und deinen Charme. Es handelt sich hierbei zumeist um einen absolut sicheren Weg, um mit einer anderen Person ins Gespräch zu kommen und gemeinsam eine nette Zeit zu verbringen. Sagen Sie ihm oder ihr zum Beispiel einfach, dass sie gerne neue Geschäftspartner kennen lernen möchten und fragen Sie die Person dann, was er oder sie den eigentlich beruflich macht. Schon ist der erste Schritt auf dem Weg zu einem gekonnten Smalltalk getan.

Natürlich handelt es sich hier nur um einige Möglichkeiten, um einen Smalltalk zu beginnen, auf diese kannst du jedoch immer dann zurückgreifen, wenn dir sonst absolut nichts einfällt und du gerne mit deinem Gegenüber ins Gespräch kommen möchtest. Denke dabei immer daran, dass es meist absolut nicht auf den ersten Satz ankommt und es hierbei in den meisten Fällen kein richtig oder falsch gibt. Wichtig ist einfach, offen und freudig auf dein Gegenüber zuzugehen, ihr bzw. ihm ein schönes Lächeln zu schenken und schon kann sich ein nettes Gespräch daraus ergeben. Solltest du dennoch nervös sein, halte dir immer wieder vor Augen, dass es dem anderen wahrscheinlich genauso geht und er vielleicht ebenfalls viel darüber nachdenkt, wie man am besten einen Smalltalk beginnen kann. Daher wird dein zukünftiger Gesprächspartner wahrscheinlich einfach nur dankbar sein, wenn er oder sie auf eine von dir gestellte Frage antworten kann und in vielen Fällen mit einer Frage in deine Richtung antworten. Allzu viel Originalität bei dem Thema ist sehr oft fehl am Platz, auch wenn in vielen Ratgebern nachzulesen ist, dass man eine besonders ausgefallene Gesprächsidee haben muss, um den anderen ganz sicher in Erinnerung zu bleiben. Eine solche kann jedoch schnell den Eindruck erwecken, dass man nicht authentisch ist und viel zu sehr bemüht darum, möglichst kreativ zu wirken, was beim anderen wiederum einen schlechten Eindruck machen kann. Sag daher lieber etwas, mit dem du dich auch absolut wohlfühlst und es kann (fast) nichts mehr schief gehen.

Weil wir Menschen Herdentiere sind – so näherst du dich einer Gruppe

Auf eine einzelne Person zuzugehen und diese anzusprechen, ist im Normalfall nach etwas Übung ganz einfach und wird dir wahrscheinlich sogar sehr viel Spaß machen. Vor allem bei geschäftlichen Terminen oder auch auf Partys kann es jedoch ganz schnell sein, dass sich im Raum verschiedene Grüppchen bilden und du dich gerne zu einer solchen dazugesellen möchtest. Häufig befinden sich solche Grüppchen jedoch im angeregten Gespräch miteinander und es ist alles andere als leicht, in eine solche Situation hineinzugelangen und den Anschluss in einer bereits bestehenden Unterhaltung zu finden. Es gibt dennoch Wege und Möglichkeiten, wie du auch zu einer Gruppe Kontakt aufnehmen kannst, ohne dass du dir dabei komisch vorkommst oder riskierst, von den anderen nicht beachtet bzw. als Außenseiter wahrgenommen zu werden. Wenn du dir noch nicht ganz sicher bist, welcher Gruppe du dich gerne anschließen möchtest und sich bereits mehrere im Raum gebildet haben, beobachte diese am besten zunächst von außen und entscheide dann, welche dir auf den ersten Blick am meisten zusagt. Vielleicht entdeckst du ja in der einen oder anderen Gruppe ein bekanntes Gesicht, das dir den Gesprächseinstieg erleichtern kann und dich den anderen zum Beispiel vorstellt. Empfehlenswert ist es zudem sich vor allem Gruppen anzunähern, die bereits von außen betrachtet lustig, offen und vor allem redselig erscheinen. Eine Ansammlung von Menschen, die sich hingegen gerade über ein sehr ernsthaftes Thema zu unterhalten scheint, solltest du lieber meiden. Des Weiteren ist es wichtig zunächst zu versuchen, etwas über die Gesprächsstruktur der jeweiligen Gruppe herauszufinden, um sich besser in diese einfügen zu können.

Es gibt zum Beispiel Gruppen, in denen ganz eindeutig eine Person den Ton angibt und somit im Mittelpunkt steht. Wenn bereits jetzt alle anderen Personen der Gruppe einfach nur zuhören und den Worten des Anführers lauschen, wirst auch du wahrscheinlich sehr schnell zu den Zuhörern gehören, wenn du dich dazu entscheidest, dich zu dieser Gruppe zu gesellen.

Bei anderen Gruppen lässt sich hingegen sehr schnell feststellen, dass es keinen einzelnen Gesprächsführer gibt und sich alle miteinander zu unterhalten scheinen. Bei einer solchen wirst du keinen wirklichen Gesprächsführer finden können, was die Eingliederung in die Gruppendynamik zumeist viel einfacher macht.

Es gibt jedoch auch noch eine dritte Variante von Gruppen. Diese scheinen nur auf den ersten Blick eine homogene Gemeinschaft zu sein, sieht man sich die einzelnen Personen jedoch genau an, fällt sehr schnell auf, dass sich bereits kleine Gruppen aus zwei oder auch drei Menschen gebildet haben, die sich sehr angeregt miteinander unterhalten. Zu einer solchen Subgruppe Kontakt aufzunehmen, kann sich als äußerst schwierig gestalten.

Vor allem am Anfang ist es empfehlenswert, sich Gruppen der Kategorie zwei anzunähern, da du dich hier sehr leicht ins Spiel bringen kannst und es sehr wahrscheinlich ist, dass du von den anderen gerne aufgenommen wirst. Doch wie gehst du dabei am besten vor? Je nachdem, welche Methode deiner Persönlichkeit am ehesten entspricht, stehen dir dazu zwei verschiedene Wege zur Verfügung.

Als eher schüchterne Person kannst du dich zum Beispiel ganz unauffällig an den Rand der Gruppe stellen und abwarten, bis dich einer der anderen endlich anspricht und du somit mit deinem Smalltalk beginnen kannst. Mittlerweile wirst du aber wahrscheinlich aufgrund der zahlreich gemachten Übungen jedoch nicht mehr zu schüchtern sein, um aktiv auf andere zuzugehen und genau das solltest du nun auch machen.

Nimm daher dein Glas fest in die Hand, deinen ganzen Mut zusammen und stell ich einfach gut sichtbar mit einer selbstbewussten Ausstrahlung zur Gruppe. Personen einfach von hinten anzusprechen, gilt es hingegen unbedingt zu vermeiden, da dies immer unbeholfen wirkt und es auf diese Weise sehr leicht passieren kann, dass du einfach überhört wirst, wodurch eine sehr peinliche Situation die Folge sein kann. Platziere dich lieber am Rand des Kreises und nimm am besten mit der Person Kontakt auf, die dir nun gegenübersteht. Lächle diese an und grüße sie. Nun ist die Kontaktaufnahme zur Gruppe bereits gelungen und der erfolgreiche Smalltalk kann mit einem ersten Satz wie zum Beispiel „Ich habe mich leider etwas verspätet. Darf ich mich vielleicht zu Ihnen/euch stellen?“, oder „Was für eine tolle Party. Habt ihr auch bereits die leckeren Häppchen probiert?“ starten.

Dein Ziel hierbei ist natürlich ganz einfach: du möchtest mit den anderen ins Gespräch kommen und mit der ein oder anderen Frage dafür sorgen, dass sie dich als interessanten und sympathischen Gesprächspartner wahrnehmen. Achtest du dabei auf deine Körpersprache, deine Ausstrahlung und vergisst nicht auf die Höflichkeitsformen, wird dir das auch ganz sicher gelingen. Zwar werden dich die anderen natürlich zunächst mustern und entscheiden, ob du auch wirklich zu ihnen dazu passt, doch mit dem bereits gelernten Tipps wird dies in den meisten Fällen absolut kein Problem sein.

Wie der weitere Smalltalk verläuft, hängt in vielen Fällen dann von deinem eigenen Verhalten ab. Nachdem du deinen Einstieg erfolgreich hinter dich gebracht hast, wird zumindest von einer Person der Gruppe eine Reaktion folgen. Der dir zugespielte Ball muss somit von dir erneut aufgenommen werden und du kannst nun entscheiden, ob du gerne der Mittelpunkt sein möchtest oder du dich nahtlos in die Gruppe einfügst. Erfahrungsgemäß ist es besser, sich für die zweite Variante zu entscheiden, um als angenehmer Gesprächspartner wahrgenommen zu werden. Hast du diese Schritte gemeistert, gehörst du von nun an zur Gruppe und einem angeregten Gespräch steht nichts mehr im Wege.

Darf ich mich vorstellen… – So machen Sie bei der Selbstvorstellung alles richtig

Ist der erste Gesprächseinstieg erst einmal geschafft, kommt die nächste große Herausforderung auf dich zu: die Selbstvorstellung. Vielleicht wirst du manchmal das Glück haben, dass sich bereits eine Person in der Runde befindet, die du kennst und deshalb die Aufgabe übernimmt, dich den anderen vorzustellen. Das wird jedoch zum einen nur dann der Fall sein, wenn du dich an eine Gruppe annäherst und zum anderen wird es immer wieder vorkommen, dass du noch gar niemanden kennst. Diese Tatsache sollte dich jedoch keinesfalls davon abhalten, dich einer Person oder auch einer Gruppe bei einem Firmenevent, einer Party oder auch in einer Alltagssituation vorzustellen. Hierbei gibt es natürlich ebenfalls gewisse Richtlinien, die es einzuhalten gilt, damit deine Selbstvorstellung sicher und souverän gelingt.

Sich selbst gelungen vorzustellen kann nämlich maßgeblich dazu beitragen, dass das Eis schneller gebrochen ist und man zudem innerhalb kürzester Zeit ein Gesprächsthema findet. Dennoch ist es eine Tatsache, dass sich viele Menschen sehr schwer damit tun, sich selbst mit anderen bekannt zu machen, obwohl es sich hierbei in vielen Fällen um eine tolle Chance handelt, um wertvolle Sympathiepunkte zu sammeln. Außerdem handelt es sich um eine tolle soziale Kompetenz, die dir wertvolle Dienste dabei erweisen wird, neue Geschäftsbeziehungen zu knüpfen oder natürlich auch Freunde zu finden. Bei uns erfährst du nun, warum eine Selbstvorstellung so wichtig sein kann und wie es auch dir gelingt, dich mit anderen in nur wenigen Sätzen bekannt zu machen.

Warum die Selbstvorstellung so wichtig ist

Wahrscheinlich kennst auch du folgende Situation: Man nimmt an einer Tagung oder auch ein einem Seminar teil und kennt nur die allerwenigsten der anderen Gäste. In der Pause beginnen sich sehr schnell Gruppen zu bilden, die sich miteinander unterhalten und auch du beschließt dich einer solchen anzuschließen. Ganz mutig stellst du dich dazu und sagst einfach „Hallo!". Ihr kommt miteinander ins Gespräch und plaudert einfach so vor euch hin. Plötzlich kommt ein weiterer Teilnehmer zur Gruppe hinzu. Dieser stellt sich jedoch nicht einfach nur hin und grüßt, er lächelt zudem in die Runde und sagt kurz dazu, wer er ist.

Die Person, die zur Gruppe hinzugestoßen ist, ohne sich vorzustellen, wird sich nun wahrscheinlich fragen, ob sie denn einen Fehler gemacht hat und wie dieser nun wieder gut zu machen ist. Vor allem, wenn man sich jedoch bereits seit einiger Zeit miteinander unterhält, ist es meist sehr schwierig, sich im Nachhinein noch vorzustellen und somit den eigenen Namen zu nennen.

Aus diesem Grund ist es generell absolut empfehlenswert, bereits am Anfang der Unterhaltung seinen Namen zu nennen, wenn man zu einer Runde von Personen hinzukommt, in denen man keinen anderen kennt. Auf diese Weise wird das Gespräch sofort auf eine persönlichere Ebene gelenkt und man bietet den anderen die Möglichkeiten, einen direkt beim Namen zu nennen, wenn man ihn ansprechen will. Zudem werden sich wahrscheinlich auch die anderen Personen der Gruppe bei dir vorstellen, wenn du hier mit gutem Beispiel vorangegangen bist. Auf diese Weise wird die Situation im Handumdrehen entkrampft und man kommt viel leichter miteinander ins Gespräch.

Bei der Selbstvorstellung ist jedoch darauf zu achten, dass man keinesfalls einfach dazwischen plappert und sich somit sofort in den Mittelpunkt der Gruppe stellt. Sollte gerade eine Person sprechen, dann wartest du ganz einfach ab, bis er oder sie das angesprochene Thema beendet hat. Anschließend sagst du mit einer Stimme, die ca. eine Nuance leiser ist, als die deines Vorredners: „Guten Tag, mein Name ist…“. Schaue nun der besagten Person kurz in die Augen und lächle ihr freundlich zu, bevor du einen kurzen Blickkontakt mit dem Rest der Runde aufnimmst und deinen Blick anschließend wieder auf den zuvor erwähnten Sprecher bzw. die Sprecherin richtest. Auf diese Weise hast du es geschafft, dich vorzustellen, ohne dabei den Eindruck zu erwecken, dass du nun sofort das Wort ergreifen und somit die gesamte Aufmerksamkeit auf die dich ziehen möchtest. Damit signalisierst du nicht nur, dass du weißt, was sich gehört und du die grundlegende Höflichkeitsformen einhält, sondern dich auch gerne der Gruppe anschließen willst.

Muss ich mich überhaupt vorstellen?

Mache bitte niemals den Fehler und gehe einfach davon aus, dass dich bereits alle anwesenden Personen beim Namen kennen müssen und es daher gar nicht notwendig ist, dich selbst vorzustellen. Selbst, wenn du der Chef einer Firma bist kann es immer wieder sein, dass sich neue Mitarbeiter unter deinen Angestellten befinden, die vielleicht noch nicht wissen, wie du aussiehst. Vor allem Personen, die halbprominent sind, wird häufig nachgesagt, dass man einfach wissen müsse, wer sie sind, da sie ansonsten böse reagieren. Das wirkt nicht nur sehr arrogant, sondern vor allem auch unsympathisch und du solltest dich aus diesem Grund immer bei Personen vorstellen, die du noch nicht persönlich getroffen hast und bei denen somit noch keine Selbstvorstellung stattgefunden hat.

So stellst du dich selbst vor

Wenn du dich selbst vorstellen musst, geht es natürlich in erster Linie darum, dass die anderen anwesenden Personen deinen Namen erfahren und diesen im besten Falle sogar in Erinnerung behalten.

Klassische Formulierungen wie zum Beispiel „Gestatten Sie bitte, mein Name ist ...“ Gilt es jedoch zu vermeiden, denn diese klingen nicht mehr nur äußerst unzeitgemäß, sondern vor allem auch viel zu steif. Sagst du hingegen „Hallo, mein Name ist ...“ oder einfach „Ich bin ...“ kannst du eigentlich nichts falsch machen. Aber nicht nur auf den Namen kommt es bei der Selbstvorstellung an, denn je nachdem, in welche Smalltalk Situation du dich befindest, kann die Vorstellung auch die optimale Möglichkeit sein, um weitere Informationen von dir preiszugeben. Bist du gerade auf einer beruflichen Veranstaltung, kannst du zum Beispiel sagen, welche Funktion du in der Firma ausübst oder in welcher Abteilung du arbeitest. Solltest du erst seit kurzem dort tätig sein, ist es in vielen Fällen sehr empfehlenswert, auch dazu zu sagen, seit wann dies der Fall ist. Das wirkt nicht nur sympathisch, deine neuen Kollegen werden sich zudem in den meisten Fällen besonders darum bemühen, dich in das Gespräch miteinzubinden, um dir somit einen möglichst angenehmen Empfang zu bereiten. Das schafft nicht nur Vertrauen, du kannst auch bereits Kontakte knüpfen, die dir in alltäglichen Berufssituationen einen Vorteil verschaffen können. Solltest du dich hingegen auf einer Party befinden, kannst du nachdem du deinen Namen gesagt hast auch erwähnen, woher du die Gastgeberin bzw. den Gastgeber kennst. Auch auf diese Weise wird schnell eine emotionale Verbindung geschaffen, die dir bei dem weiteren Smalltalk helfen kann.

Beachtest du diese Vorgehensweise, gelingt die Selbstvorstellung bei deinem Smalltalk Partner bzw. auch bei der ganzen Smalltalk Runde ganz bestimmt.

Verschiedene Gesprächstechniken im Überblick – so hältst du den Smalltalk am Laufen

Hast du deinen ganzen Mut zusammengenommen und eine dir unbekannte Person angesprochen bzw. dich einer bereits miteinander interagierenden Gruppe angeschlossen, könnte man meinen, dass die größten Herausforderungen gemeistert ist. Das stimmt auch, allerdings nur zum Teil, denn zumeist ist es leider ebenfalls alles andere als leicht, einen Smalltalk erfolgreich weiterzuführen und keine allzu langen peinlichen Pausen entstehen zu lassen, bei denen sich dein

Gesprächspartner sogar wünschen könnte, dass du ihn erst gar nicht angesprochen hättest.

Das muss jedoch nicht sein, denn genauso gut kannst du es auch im Handumdrehen schaffen, jetzt mit deinen Gesprächstechniken zu überzeugen und deinem Gegenüber zu beweisen, welch ein sympathischer, kompetenter und vor allem auch angenehmer Gesprächspartner du doch bist. Dazu möchten wir dir zunächst eines der größten Geheimnisse für eine erfolgreiche Kommunikation verraten:
Menschen nehmen Gespräche mit Menschen als besonders angenehm und vor allem auch interessant wahr, wenn ihnen der oder die andere über längere Zeit hinweg angeregt zuhört. Du musst dir also gar nicht zu viele Gedanken darüber machen, wie und mit welchen Themen du die andere Person besonders von dir überzeugen kannst, viel wichtiger ist es, dein Gegenüber zum Reden zu bringen und anschließend ganz aufmerksam zuzuhören. Ein erfolgreicher Verkäufer zeichnet sich zum Beispiel dadurch aus, dass er bei einem Verkaufsgespräch nur ca. 30 % der Sprechzeit für sich selbst verbuchen kann. Ansonsten lässt er den Kunden erzählen und bringt ihn mit Fragen dazu, mehr und mehr von seinen Wünschen und Vorstellungen preiszugeben.

Du solltest also versuchen möglichst lange dafür zu sorgen, dass dein Gegenüber mehr und mehr von sich erzählt, während du einfach nur zuhörst. So bringst du ihn oder sie dazu, bei der Stange zu bleiben den Smalltalk weiterhin aufrechtzuerhalten. Natürlich wird es in den meisten Fällen nicht dein Ziel sein, den anderen nur zum Reden zu bringen, damit ihr beide beschäftigt seid und du willst ihn wahrscheinlich in eine ganz gezielte Richtung lenken. Wie dir das genau gelingt und worauf es dabei zu achten gilt, werden wir etwas später noch genauer erläutern.

- KAPITEL DREIZEHN -

Der einsame Mensch – warum wir so gerne über uns selbst sprechen

WARUM IST ES EIGENTLICH so, dass Menschen in den meisten Fällen viel lieber selbst erzählen und ihre eigenen Befindlichkeiten mitteilen, als anderen zuzuhören? Es handelt sich hierbei um einen sehr komplexen Vorgang, der bereits evolutionsbedingt ist und sich zeigt, sobald ein Baby das Licht der Welt erblickt. Plötzlich ist man nicht mehr in dem warmen beschützenden Bauch seiner Mutter, sondern draußen in einer unbekannten Welt, in der ständig neue Einflüsse auf einen zukommen. Es ist daher nur verständlich, dass wir uns nach Sicherheit und Geborgenheit sehnen, während wir nichts mehr fürchten, als einsam und verlassen zurückzubleiben.

Je selbstständiger wir werden, umso mehr lernen wir natürlich mit der Einsamkeit bzw. dem Alleinsein zurechtzukommen, meiste Zeit über sehnen wir uns aber dennoch immer wieder nach der früheren Geborgenheit, die uns im Normalfall auch während unserer Kindheit begleitete. Wenn Kinder zum Beispiel regelmäßig gelobt werden und sie Anerkennung für ihre Leistungen erhalten bzw. Trost erfahren, wenn etwas einmal nicht so gut funktioniert, wird ihnen auf diese Weise gleichzeitig gezeigt, dass sie sicher sind und keine Herausforderungen des Lebens fürchten müssen.

Diese Art der Anerkennung bleibt natürlich ein Leben lang ein menschliches Grundbedürfnis, die der Mensch so dringend braucht, wie die Luft zum Atmen oder Wasser zu trinken. Hat sich mittlerweile genau dieses Wissen sowohl bei der Erziehung von Kindern als auch in der Pädagogik durchgesetzt, dass Kinder nur dann zu reifenstarken Erwachsenen werden können, wenn sie ausreichend Lob und Anerkennung erfahren, war das früher in vielen Familien und Schulen noch nicht der Fall und auch heute gibt es noch immer Eltern oder Erzieher, die ihre Kinder zu wenig loben und somit diese mit einem enormen Defizit aufwachsen lassen. Das hat dazu geführt bzw. wird auch weiterhin dazu führen, dass viele Erwachsene nach Aufmerksamkeit und Lob lechzen. Bereits in Smalltalk Situationen kommt dieser Wunsch nach Anerkennung und Lob sehr schnell an die Oberfläche und wir wünschen uns in vielen Fällen, die Zuneigung in dieser Form vom anderen zu erhalten. Hört einem dann ein anderer Mensch aufmerksam zu, während man über seine eigenen Bedürfnisse oder sein Leben erzählt und vielleicht sogar das ein oder andere Problem mit dem Gesprächspartner teilt, hat man das Gefühl, dass dieser einem Aufmerksamkeit schenkt und das Grundbedürfnis nach Sicherheit ist erfüllt.

Häufig ist es für einen guten Smalltalk daher ausreichend, nach ein paar gelungenen Einstiegsfragen die richtigen Zuhörertechniken zu beherrschen, um im Handumdrehen als äußerst angenehmer und vertrauensvoller bzw. sympathischer Gesprächspartner zu gelten und den anderen innerhalb kürzester Zeit für sich zu gewinnen.

Warum es nicht immer gut ist, nur zuzuhören

Natürlich bringt dieses Grundbedürfnis nach Sicherheit der meisten Menschen und das somit verbundene Redebedürfnissen vor allem in Smalltalk Situationen auch eine negative Seite mit sich: bei immer mehr Menschen kann beobachtet werden, dass diese auch im Beziehungsaufbau zu anderen Menschen große Defizite aufweisen und zum Teil sehr kontaktarm leben. Diese Situation hat sich aufgrund der neuen Medien weiter verstärkt, denn für eine berufliche oder auch private Interaktion mit anderen Menschen ist es sehr häufig gar nicht mehr notwendig, die eigenen vier Wände zu verlassen, wodurch immer mehr Menschen vereinsamen und die Fähigkeit verlernen, soziale Kontakte zu knüpfen bzw. aufrechtzuerhalten. Wenn du vielleicht bei einem Smalltalk auf eine solche Person triffst, kann es sehr schnell passieren, dass diese dich vollkommen für sich beansprucht und du als geübter und geduldiger Zuhörer gar keine Möglichkeit mehr hast, ihr zu entkommen. Nach einer Zeit versuchst du einfach nur mehr das Weite zu suchen, doch die andere Person hat in dir das perfekte Opfer gefunden und möchte einfach gar nicht mehr aufhören, zu reden. Nach einer ersten Kontaktphase, die in vielen Fällen noch ganz normal verläuft, spricht die Person ausnahmslos nur mehr über sich selbst, ihr Leben und sehr häufig vor allem über die vielen Schwierigkeiten, die sie oder er in ihrem bzw. seinem Leben zu meistern hat. Du kommst hingegen gar nicht mehr zu Wort bzw. wenn du versuchst etwas zum Gespräch beizutragen, wirst du sehr schnell von der anderen Person unterbrochen und es geht wieder nur um sie. Nach einem solchen Gespräch ist es sehr oft der Fall, dass man sich ganz einfach leer oder sogar richtig ausgesaugt fühlt. Ist das der Fall, bist du wahrscheinlich einem sogenannten „Energie Vampir“ zum Opfer gefallen und erfahrungsgemäß solltest du alles versuchen, um dich von solchen fernzuhalten, da sie auf Dauer immer anstrengender werden.

Das bedeutet natürlich noch lange nicht, dass du niemals anderen zuhören solltest, denn wir wissen ja mittlerweile, dass nahezu jeder Mensch diese Form der Anerkennung sehr zu schätzen weiß und sich über menschliche Zuwendung freut. Wahrscheinlich wirst du das auch bei dir selbst erkennen können, dennoch sollte das Verhältnis zwischen Sprechzeit und Zuhörern zwischen den beiden Gesprächspartnern annähernd gerecht verteilt sein, damit auch du dich nach dem Smalltalk wohlfühlen kannst. Solltest du merken, dass dich die andere Person jedoch überhaupt nicht zu Wort kommen lässt, ist es absolut legitim, den Smalltalk taktvoll zu beenden und dich nach kurzer Zeit zurückzuziehen, um mit einem anderen, wahrscheinlich angenehmeren Gesprächspartner reden zu können. Wie du dies am besten machst, zeigen wir später noch genau.

Stellung beziehen – so funktioniert es

Generell solltest du immer darauf achten, wie deine Gespräche beim Smalltalk verlaufen und diese von Zeit zu Zeit auf Fehler bzw. Unzulänglichkeiten analysieren. Falls dir auffällt, dass du von jemanden benutzt wirst, nur dass dieser seinen ganzen Ballast, seine Probleme und vielleicht auch seine momentanen Befindlichkeiten bei dir abladen kann und du dich dadurch alles andere als gut fühlst, solltest du den Kontakt zu dieser Person generell meiden, da sie oder er auf Dauer nicht zu deinem Wohlbefinden beitragen wird und dir zudem wahrscheinlich auch noch wertvolle Zeit stiehlt. Bei einer einfachen Smalltalk Situation funktioniert das natürlich am besten, indem du dich einfach entschuldigst und das Gespräch beendest. Sollte es dir jedoch immer wieder passieren, dass du in solche Situationen gerätst und scheinbar nur als emotionaler Mistkübel anderer Menschen fungierst, kann dies ein entscheidender Hinweis darauf sein, dass du mit dir selbst nicht im Reinen bist oder du deine Einstellung zu anderen Menschen dringend analysieren solltest. Vielleicht hast du selbst das Gefühl, dass andere dich nur mögen, wenn du ihnen bedingungslos zuhörst und sie dich somit mit ihren Ballast vollladen können oder du hast einfach noch nicht gelernt, deutlich nein zu sagen und dich von anderen abzugrenzen. Wie wir bereits wissen, kann das vor allem am Anfang sehr schwer sein, dieser Lernprozess ist jedoch äußerst wichtig, um ein erfolgreiches und vor allem glückliches Leben führen zu können.

Die Manipulationsfalle

Ein weiterer Punkt, der in diesem Zusammenhang keinesfalls verschwiegen werden soll ist, dass einige Menschen bestimmte Gesprächstechniken beim Smalltalk einsetzen, um das Gegenüber in eine ganz bestimmte Richtung zu lenken und den Gesprächspartner somit gezielt zu manipulieren. Vor allem bei hartnäckigen Verkäufern kann dieses Verhalten immer wieder in extremer Form beobachtet werden, zum Beispiel, wenn man den zu kaufenden Gegenstand eigentlich gar nicht braucht, diese Tatsache vom Verkäufer jedoch einfach nicht akzeptiert wird und er immer weiter versucht, einen Abschluss zu erzielen. Die Kunst des Zuhörens zum Beispiel ist nämlich perfekt dazu geeignet, um sich das Vertrauen anderer Personen zu erschleichen und somit bereits innerhalb kürzester Zeit ein persönliches Verhältnis zum anderen aufzubauen, das natürlich nicht der Realität entspricht. Auf diese Weise fällt es uns als Kunden dennoch viel schwerer, nein zu sagen. Zudem neigen wir häufig dazu, in sehr vertraulich wirkenden Gesprächssituationen, in denen wir sehr viel von uns persönlich erzählen können und uns aufmerksam zugehört wird, schnell sehr persönliche Dinge von uns preiszugeben und somit viel mehr zu erzählen, als dies eigentlich gut für uns wäre. Sehr schnell sind ein, zwei Geheimnisse im vertrauten Gespräch ausgeplaudert. Vielleicht ist es auch dir schon einmal so ergangen: du triffst auf einer Party oder auch einem öffentlichen Event auf eine Person, mit der du sofort eine tolle Verbindung zu haben scheinst und ihr beginnt ein Gespräch. Der Gesprächspartner stellt so viele interessierte Fragen, dass du mehr und mehr von selbst preisgibst und du plötzlich bereits auf einer sehr persönlichen Ebene mit dem anderen kommunizierst. Bestimmte Dinge sind jedoch höchstwahrscheinlich nur für die Ohren deiner besten Freunde oder auch Familienmitglieder gedacht und genau an diesem Punkt gilt es daher achtsam zu sein. Ansonsten kann es schnell passieren, dass du dir nach der Veranstaltung denkst, wie du der Person nur so viel von dir erzählen konntest, ohne dass dir das in der jeweiligen Situation eigentlich bewusst war. Besonders vorsichtig musst Du hierbei sein, wenn es um innerbetrieblichen Geschehnisse geht. Denn Firmengeheimnisse sind keinesfalls dafür gedacht, um sie scheinbar netten und vertrauenswürdigen, aber dennoch fremden Personen mitzuteilen.

In diesem Zusammenhang möchten wir eine kleine Anekdote zum Besten geben, die genau dieses Phänomen auf tolle Art und Weise beschreibt:

Ein Mann ist für ein großes Unternehmen tätig, das jedoch weit außerhalb der Stadt liegt. Immer, wenn die Führungsriege das Unternehmen besucht, werden diese von der Stadt abgeholt. Dabei kommt natürlich jedes Mal das gleiche Taxiunternehmen zum Einsatz und wie du vielleicht schon einmal gehört hast, befinden sich meist vor allem unter Taxifahrern echte Kommunikationstalente, die es schaffen, dass man einfach alles erzählt. Es ist also nicht verwunderlich, dass diese Taxifahrer mehr Informationen über die Firma und den weiteren Verlauf der Geschäfte haben, als so mancher Mitarbeiter. Die Chefs der Firma freuen sich auf der langen Autofahrt etwas plaudern zu können und sind ganz angetan von dem interessierten Gesprächspartner, der bereits über einiges Detailwissen verfügt und dieses natürlich einsetzen kann, um noch mehr Informationen zu bekommen. So können vertrauliche Firmengeheimnisse an die Öffentlichkeit gelangen, ohne dass dies den beteiligten Personen eigentlich bewusst ist.

Vor allem bei Menschen, die in öffentlichen Dienstleistungen tätig sind gilt es daher besonders achtsam zu sein, wenn du keine vertraulichen Geheimnisse preisgeben möchtest.

Die wichtigsten Fragetechniken kurz erklärt – stelle die richtigen Fragen und der Smalltalk gelingt.

Wie wir nun bereits wissen, zeichnet sich ein gelungener Smalltalk vor allem dadurch aus, der anderen Person auf möglichst gekonnte Art und Weise zu zeigen, dass wir offene und vor allem zuhörbereite Gesprächspartner sind. Das gelingt natürlich am besten, indem man die richtigen Fragen stellt. Doch wie funktioniert das genau? Wirklich die richtigen Fragen zu stellen, ist nämlich in vielen Fällen gar nicht so leicht und will daher gelernt sein. Das gilt nicht nur für Personen, die von Beruf aus mehr über eine Person oder auch eine bestimmte Situation herausfinden möchten, wie zum Beispiel Kriminalbeamte oder auch Psychologen. Auch du kannst die richtige Fragetechnik für einen gekonnten Smalltalk ganz einfach erlernen, wenn du dich nur an ein paar Regeln hältst.

Doch wie unterscheiden sich die verschiedenen Fragearten eigentlich voneinander und machen diese wirklich so einen großen Unterschied? Die Antwort darauf ist: Ja, wie du gleich selbst sehen wirst.

Stell dir zum Beispiel folgende Situation vor: Dein Kind hat nachmittags einen Schulfreund zum Spielen da und gerade ist dessen Mutter vorbeigekommen, um das Kind wieder abzuholen. Da die Kinder noch etwas spielen möchten bittest du die Mutter doch einfach hereinzukommen und möchtest ihr gerne etwas zu trinken anbieten. Wenn du ihr nun die Frage stellst: „Was möchten Sie trinken?“, wird sie sich vielleicht einen Kaffee, ein stilles Wasser oder einen Saft wünschen. Nun ist jedoch die Situation eingetroffen, dass du leider nicht mehr alles zu Hause hast und du ihr eigentlich nur Kaffee oder Wasser anbieten kannst. Deine Frage könnte nun zu einer peinlichen Situation führen, da du der dir noch fremden Mutter mitteilen musst, dass du leider nur Kaffee oder Wasser hast. Stellst du jedoch bereits im Vorhinein die Frage „Möchten Sie vielleicht ein Glas Wasser/eine Tasse Kaffee?“, stellst du die Situation bereits im Vorhinein klar und du kannst verhindern, dass es zu einer missverständlichen Aussage deinerseits kommt. Höchstwahrscheinlich wird die Mutter dein Angebot gerne annehmen und ihr werdet euch noch nett unterhalten, bis sie schließlich nach Hause fährt.

Du siehst also: bereits ein kleiner Unterschied bei der Fragestellung kann einen großen Unterschied bei der getroffenen Aussage und somit der Antwort haben, die du auf die jeweilige Frage bekommen wirst.

- KAPITEL VIERZEHN -

Diese Fragetechniken solltest du kennen

WIR ALLE WISSEN, DASS es eigentlich keine dummen Fragen gibt, dennoch gibt es Fragetechniken, die du beim Smalltalk vermehrt einsetzen solltest, während es andere eher zu verhindern gilt. Bei jedem Smalltalk wird es nämlich früher oder später wichtig, die richtigen Fragen zu stellen, um zu verhindern, dass das Gespräch einfach im Sande verläuft oder der andere das Gefühl bekommen könnte, dass du nicht mehr daran interessiert bist, die Unterhaltung weiterzuführen. Generell kann die Motivation, die hinter einer Frage steckt, sehr vielfältig sein und zum Beispiel:

- zur Aufklärung einer Situation beitragen

- Interesse an einer Person, einem Thema oder auch einer Sache signalisieren

- eine Bitte um Hilfe bei einer bestimmten Entscheidung darstellen

- oder auch aus taktischen Gründen erfolgen

Vor allem in Smalltalk Situationen ist es wichtig zu verhindern, dass es zu Verständnisschwierigkeiten zwischen den beteiligten Personen kommt und das Gespräch somit in eine unangenehme Richtung gelenkt werden könnte. Versuche daher deine Fragen immer so deutlich und klar wie möglich zu stellen und der anderen Person auch ausreichend Zeit zu geben, diese wirklich ausführlich beantworten zu können. Auf diese Weise verhinderst du nämlich, dass du immer nur mehr und mehr Fragen stellst und sich der andere vielleicht wie in einer Interviewsituation vorkommt, obwohl er oder sie doch eigentlich einen netten Plausch halten wollte.

Offene Fragen versus geschlossene Fragen

Sogenannte offene Fragen zeichnen sich dadurch aus, dass sie zu einem ausführlichen Gespräch führen und nicht einfach nur mit einer kurzen Antwort beendet werden können. Sie beginnen mit einem sogenannten W-Wort wie zum Beispiel wer, wie, was oder auch warum. Diese Art der Fragetechnik ist perfekt dafür geeignet, um das Gespräch am Laufen zu halten und mehr von seinem Gesprächspartner zu erfahren. Möchtest du zum Beispiel dein Gegenüber in eine Gesprächsrunde miteinbeziehen, kannst du ganz einfach die Frage stellen „Was meinen Sie dazu?“ und schon wirst du im Normalfall eine Antwort erhalten, die den anderen auf ganz natürliche Art und Weise in die Redesituation miteinbindet.

Dein Gegenüber wird sich zudem aufgrund der offenen Fragestellung wohlfühlen, da diese anzeigt, dass du Wert auf ihre bzw. seine Meinung legst und du ihr bzw. ihm gerne Redezeit zur Verfügung stellen willst.

Ist das hingegen nicht der Fall und du möchtest nur eine schnelle Antwort am besten in Form von Ja oder Nein von deinem Gegenüber erhalten, so ist die sogenannte geschlossene Frage die richtige Wahl. Diese zeichnet sich dadurch aus, dass sie mit einem Verb beginnt und nur mit einer raschen und präzisen Aussage beantwortet werden kann. Ein Beispiel für eine solche Frage wäre zum Beispiel „Leben Sie in der Schweiz?“. Diese Fragetechnik ist auch bestens dafür geeignet, um den Gesprächspartner in eine bestimmte Richtung zu drängen und zum Beispiel eine Zustimmung zu erhalten, wie dies zum Beispiel im Verkaufstraining häufig besonders stark geschult wird. Bringt man den Kunden immer wieder dazu, mit Ja zu antworten, ist die Wahrscheinlichkeit am Ende des Verkaufsgesprächs um einiges höher, einen positiven Abschluss zu erzielen.

Der große Vorteil von geschlossenen Fragen kann vor allem darin gesehen werden, dass man komplizierte Sachverhalte oder auch Missverständnisse kurz und präzise aufklären kann. Zudem können sie Struktur in ein Gespräch bringen, das in eine bestimmte Richtung abzugleiten droht.

Geschlossene Fragen haben jedoch auch eine negative Wirkung, denn sie fordern immer eine eindeutige Stellungnahme des Gesprächspartners. Auf diese Weise kann es leicht passieren, dass der andere sich unter Druck gesetzt fühlt bzw. die Gesprächssituation als nicht sehr angenehm wahrgenommen wird. Zudem ist diese Fragetechnik alles andere als geeignet, um ein Gespräch in Gang zu halten und interessante Fakten über den anderen zu erfahren.

Alternativfragen

Eine weitere Fragetechnik, die du unbedingt kennen solltest, wenn du im Smalltalk überzeugen möchtest ist die sogenannte Alternativfrage. Bei dieser gibst du deinem Gesprächspartner die Wahl zwischen zwei verschiedenen Antwortmöglichkeiten, wodurch die nicht gewählte Alternative ganz einfach aussortiert werden kann und du somit mehr über dein Gegenüber erfährst. Auf diese Weise ist es möglich, sehr komplexe Sachverhalte einzugrenzen und nicht sofort eine Ja-oder Nein-Antwort zu verlangen. Dennoch kann die Alternativfrage dazu führen, schneller eine Entscheidung zu treffen. Natürlich schränkst du damit die Wahlmöglichkeiten deines Gegenübers ganz bewusst ein, indem du nur Alternativen zu Wahl stellst, die auch von dir gewollt sind. Bei unserem Beispiel handelt es sich bei der Frage: „Möchten Sie ein Glas Wasser oder vielleicht eine Tasse Kaffee?" um eine solche Alternativfrage, die verhindern soll, dass ein anderes Getränk gewählt wird, das im Moment jedoch nicht vorhanden ist.

Suggestivfragen

Auch Suggestivfragen haben den Sinn, dein Gegenüber in eine ganz bestimmte Richtung zu lenken und stellen in vielen Fällen nur einen Übergang zu einer weiteren Frage dar. Suggestivfragen zeichnen sich zudem dadurch aus, dass sie die Antwort eigentlich schon beinhalten wie zum Beispiel: „Möchten Sie einen kompetenten Partner an ihrer Seite haben?" oder auch: „Möchten Sie dafür sorgen, dass auch Ihre Kinder noch eine intakte Natur vorfinden?". Auf Fragen wie diese kannst du natürlich nur mit ja antworten und somit haben Suggestivfragen das Ziel, durch scheinbar harmlose oder auch leicht zu beantworten der Fragen den Gesprächspartner dazu zu bringen, den eigenen Wunsch entsprechend handeln zu müssen, um schlussendlich nicht als Lügner dazustehen. Da es sich hierbei in vielen Fällen jedoch um eine sehr offenkundige Manipulationsfalle handelt, bzw. diese als solche von deinem Gesprächspartner entlarvt werden würde, solltest du im Smalltalk lieber darauf verzichten.

Rhetorische Fragen

Auch bei rhetorischen Fragen handelt es sich eigentlich um keine sogenannten „echten“ Fragen, denn eine rhetorische Fragestellung erfordert in Wahrheit gar keine richtige Antwort von deinem Gegenüber. Ein Beispiel für eine solche rhetorische Frage wäre: „Sind Sie denn von allen guten Geistern verlassen?“. Diese Frage macht sehr schnell deutlich, dass rhetorische Fragen meist dafür sorgen, dass die befragte Person in eine passive Rolle gedrängt wird und sie zudem sehr häufig provozierend wirken. Natürlich können Sie auch eine positive Wirkung erzielen, wenn sie das Gesagte deines Gesprächspartners unterstützen. Rhetorische Fragen sollten aber dennoch äußerst vorsichtig und vor allem sparsam eingesetzt werden.

Immer die richtige Gesprächstechnik parat – so meisterst du den Smalltalk

Möchtest du dein Gegenüber mit deinen Smalltalkfähigkeiten begeistern, ist es empfehlenswert, vor allem am Anfang des Gesprächs zunächst viele offene Fragen zu stellen. Auf diese Weise ermöglichst du es deinem Gesprächspartner, Raum einzunehmen, um eine Unterhaltung aktiv zu gestalten und somit wird er oder sie das Gefühl haben, von dir ernst genommen zu werden. Das hat auch den großen Vorteil, dass du mehr und mehr von deinem Gegenüber erfahren wirst und es somit um ein Vielfaches einfacher wird, das Gespräch am Laufen zu halten und Themen zu wählen, die deinen Gesprächspartner begeistern. Beginne den Smalltalk daher mit möglichst vielen W-Fragen und du wirst dich bereits am Anfang als guter Gesprächspartner erweisen.

Geschlossene Fragen sind hingegen dann angebracht, wenn du präzisere Informationen erhalten möchtest oder dein Gesprächspartner nicht auf den Punkt kommt, wodurch du keinerlei Chancen hast, ihm oder ihr eine wichtige Information mitzuteilen. Auch, um eine Smalltalk Situation zu beenden, sind geschlossene Fragen häufig die perfekte Wahl, da du deinen Gesprächspartner somit dazu bringst, weniger zu reden und du das Gespräch in die von dir gewünschte Richtung lenken kannst.

Auf Alternativfragen solltest du hingegen zurückgreifen, wenn es darum geht, eine Entscheidung zu treffen und du von deinem Gegenüber eine ganz klare Antwort brauchst. Möchtet ihr euch zum Beispiel in den nächsten Tagen treffen und wollt ihr einen gemeinsamen Termin finden, stellt sich dein Gegenüber dabei jedoch als etwas kompliziert heraus, kann es durchaus sinnvoll sein ganz klar zu fragen: „Passt es dir besser am Donnerstagnachmittag oder wäre dir vielleicht doch Freitagnachmittag lieber?". Schon gibst du deinem Gesprächspartner eine Wahlmöglichkeit und es wird ihm leichter fallen eine Wahl zu treffen.

Rhetorische Fragen stellen meistens dann die richtige Wahl dar, wenn du deinem Gegenüber mitteilen möchtest, wie du einem gewissen Thema gegenüberstehst, da du auf diese Weise eine ganz natürliche Verbundenheit zwischen euch schaffst. Ein Beispiel für eine solche verbindende rhetorische Frage kann zum Beispiel sein: „Sie mögen es ja auch gerne, wenn...". Wie bereits erwähnt sollte diese Art der Fragestellungen jedoch nur dann zum Einsatz kommen, wenn es dir wirklich passend erscheint. Greifst du zu häufig auf die rhetorische Fragestellung zurück, kann es leicht passieren, dass du einen oberlehrerhaften Eindruck bei deinem Gegenüber hinterlässt und er dich nicht gerade als angenehmen Gesprächspartner in Erinnerung behält.

Die Spiegeltechnik in der Rhetorik

Wir haben bereits gelernt, dass es von großem Vorteil sein kann, wenn du während eines Smalltalks die Körpersprache deines Gegenübers spiegelst und somit eine besondere Art der Verbundenheit schaffst. Aber auch in der Sprache handelt es sich hierbei um eine tolle Möglichkeit, um ein Gespräch am Laufen zu halten und dafür zu sorgen, dass sich dein Gesprächspartner dir gegenüber weiter öffnet. Vor allem wenn du merkst, dass das Gespräch anscheinend einfach nicht so richtig in Fahrt kommen will und immer wieder lange und unangenehme Pausen entstehen, ist diese Technik bestens dafür geeignet, um miteinander warm zu werden und schließlich einen ganz natürlich wirkenden Smalltalk entstehen lassen zu können.

Alles was du dafür tun musst ist, die Aussagen deines Gegenübers immer wieder zu spiegeln und einfach das im Moment besprochene Thema zu wiederholen. Stellen wir uns zum Beispiel vor, dein Gesprächspartner erzählt dir gerade eine Geschichte über sein Kind und er oder sie fängt folgendermaßen an: „Ja und mit der Lehrerin bei uns in der Schule sind wir auch alles andere als zufrieden." Nun antwortest du darauf: „Mit der Lehrerin?" Und schon wird sich der andere von dir wahrgenommen fühlen und es gar nicht abwarten können, dir mehr über diesen Sachverhalt zu erzählen, der in gerade zu beschäftigen scheint. Wendest du diese Spiegeltechnik an, so ist es in den meisten Fällen möglich, ein Gespräch über einen langen Zeitraum hinweg am Laufen zu halten und den anderen ganz deutlich zu zeigen, dass man ein guter Zuhörer ist und dies auch gerne tut. Auf diese Weise fühlt sich der Gesprächspartner wahrgenommen und peinliche Schweigeminuten gehören selbst beim oberflächlichsten Smalltalk endlich der Vergangenheit an.

Dem Smalltalk eine bestimmte Richtung geben

Hast du die Aufwärmphase beim Smalltalk gut hinter dich gebracht und ihr beginnt locker und leicht miteinander zu plaudern, wird es vielleicht dennoch dein Ziel sein, dieses Gespräch in eine ganz bestimmte Richtung zu lenken. Vor allem bei beruflichen Smalltalk Situationen ist dies sehr häufig der Fall und man möchte eigentlich etwas ganz konkretes von seinem Gesprächspartner erfahren bzw. vielleicht auch ein Anliegen loswerden. Daher wird es von Zeit zu Zeit notwendig sein, die Führung im Gespräch zu übernehmen und so dafür zu sorgen, dass dieses in eine ganz bestimmte Richtung steuert. Ansonsten kann es ganz einfach passieren, dass ihr den Smalltalk über nebensächliche Themen führt und du am Ende zwar weißt, welches Traumreiseziel dein Gesprächspartner hat, wie es aktuell mit der neuen Teamplanung aussieht und ob du eine Chance hast in diese zu kommen weißt du jedoch nicht. Natürlich solltest du keinesfalls zu plump mit der Tür ins Haus fallen und einfach absolut aus dem Nichts heraus nachfragen, da dein Gesprächspartner ansonsten den Eindruck gewinnen könnte, dass du die grundlegendsten Höflichkeitsformen nicht beachtest und du sowieso nur mit ihm oder ihr sprichst, weil du etwas ganz bestimmtes erfahren willst.

Die beste Möglichkeit, um das Gespräch auf möglichst unauffällige und dennoch effektive Weise in die von dir gewünschte Richtung zu lenken ist es, gezielte Fragen zu stellen und auf diese Weise dafür zu sorgen, dass der Gesprächspartner vielleicht selbst auf das jeweilige Thema zu sprechen kommt. Damit das aber auch wirklich gelingt, solltest du dir bereits im Vorhinein darüber Gedanken machen, mit welchen Fragen dies gelingen könnte bzw. ab wann vielleicht der richtige Moment gekommen ist, um doch einfach nachzufragen.

Wichtig ist hierbei wie bereits erwähnt, nicht sofort einfach danach darauf los zu fragen und somit die komplette Einstiegsphase zu überspringen. Diese sollte zumindest einige Minuten dauern, in denen du und dein Gegenüber ganz alltägliche Themen wie das Wetter oder auch das Essen besprecht. Nun kannst du damit beginnen, die Führung des Gesprächs ganz sachte zu übernehmen und Fragen zu stellen, die alle auf ein spezielles Thema abzielen. Wenn du dafür sorgst, dass du immer wieder interessierte Fragen stellst und einen möglichst geringen sprachlichen Input zum Gespräch beisteuerst, wird dein Gesprächspartner immer weiter reden und dies auch als äußerst angenehm empfinden. Auf diese Weise ist es möglich, ganz einfach die für dich relevanten Informationen zu erlangen, ohne als unsympathischer oder vielleicht sogar berechnender Gesprächspartner wahrgenommen zu werden.

Das richtige Smalltalk-Thema finden – so machst du es richtig

Wenn du dich zum ersten Mal mit einem dir unbekannten Menschen unterhältst bzw. mit einer Person Smalltalk führst, die dir bis jetzt nicht wirklich vertraut ist, ist es ganz normal, dass parallel viele verschiedene Prozesse bereits vor und vor allem auch während dieses Gesprächs ablaufen. Sowohl du, als auch dein Gesprächspartner werden den anderen auf seine Körpersprache, Lebenseinstellungen und auf Verhaltensweisen testen und das ist auch der Grund, warum es in den meisten Fällen zunächst gar nicht darauf ankommt, worüber ihr eigentlich sprecht. Dennoch gibt es sowohl Themen, die besser für den Smalltalk geeignet sind als auch Themen, die du beim ersten Gespräch lieber nicht anrühren solltest. Vor allem sehr kritische oder negativ besetzte Thematiken sind häufig alles andere als dafür geeignet, um einen Smalltalk in Gang zu halten, da diese unschöne Reaktionen hervorrufen können und somit häufig bereits in der ersten Unterhaltung zu grundlegenden Missverständnissen führen. Wie du am besten das richtige Thema wählst, welche Fragen perfekt dafür geeignet sind, um ein gemeinsames Themen zu finden und welche Sachverhalte hingegen absolut tabu sind, um einen erfolgreichen Smalltalk führen zu können, erfährst du hier.

Wodurch zeichnet sich ein gutes Smalltalk-Thema aus?

Generell ist es möglich, über fast jedes Thema bei einem netten Plausch zu sprechen, allerdings solltest du versuchen, jegliche negativen Botschaften oder auch Inhalte zunächst zu meiden. Die aktuell schlechte Wirtschaftslage, ein politischer Skandal oder auch eine Naturkatastrophe können schnell dazu führen, dass sich dein Gesprächspartner in der jeweiligen Situation nicht besonders wohlfühlt und somit zukünftige Gespräche mit dir eher vermeiden wird. Doch warum ist das so?

Wenn wir Menschen mit negativen Thematiken konfrontieren werden, beginnen wir sofort damit uns gedanklich mit diesen auseinanderzusetzen und befinden uns in vielen Fällen häufig innerhalb kürzester Zeit auf einer äußerst negativen Gefühlsebene. Sprichst du zum Beispiel die Scheidung eines gemeinsamen Bekannten an und gehst dabei sehr detailreich auf die Probleme ein, die das nun getrennte Paar früher miteinander hatte, wird dein Gesprächspartner sofort hinterfragen, ob er oder sie ähnliche Probleme mit seinem Partner hat und sich nicht mehr richtig auf das Gespräch konzentrieren können. Auch Arbeitslosigkeit ist in vielen Fällen ein alles andere als geeignetes Thema, um einen Smalltalk zu führen. Das liegt daran, dass viele Menschen bereits in einer solchen Situation waren und sich noch gut daran erinnern können, wie schwer es unter anderem ist, erneut eine Anstellung zu finden und somit im Berufsleben Fuß zu fassen.

Auch ein zu langweilig gewecktes Thema kann schnell dazu führen, dass das Gespräch ins Stocken gerät und scheinbar nichts mehr geht. Versuche daher alles, um Langeweile bei deinem Gegenüber zu verhindern und wähle am besten bereits am Anfang des Gesprächs ein Thema, über das es viel zu sagen gibt und das allgemein als interessant angesehen wird. Natürlich kann es immer wieder passieren, dass du dabei auf den Holzweg gerätst und du vielleicht genau das Thema ausgesucht hast, für das sich dein Gegenüber absolut nicht begeistern kann. In diesen Fällen scheue dich bitte keineswegs davor, nach einer Zeit auf ein anderes Thema zu sprechen zu kommen und mach keinesfalls den Fehler, an deinem aktuellen Gesprächsthema fest zu halten, nur weil du oder einer der anderen Gesprächspartner davon begeistert ist. Solltest du in eine Situation geraten, in der es dir einfach nicht gelingt zu erkennen, ob du deinen Gesprächspartner mit deiner Anekdote gerade langweilst oder nicht, versuche die einzelnen Geschichten möglichst kurz zu halten und wechsle häufiger das Thema, bis du schließlich das Gefühl hast, dass auch dein Gegenüber etwas dazu zu sagen hat und sein Interesse geweckt ist. Auf diese Weise wirst du bestimmt als sehr aufmerksamer und vor allem auch interessanter Gesprächspartner wahrgenommen werden.

Ein langweiliger Smalltalk? Das könnte gerade schief laufen

Du hast den Sprung gewagt und eine dir fremde Person angesprochen. Während der Gesprächseinstieg noch sehr gut verlaufen ist, hast du nun auf einmal das Gefühl, dass die Konversation ins Stocken gerät und du den anderen vielleicht sogar langweilen könntest. Wir haben die wichtigsten Verhaltensweisen, die dazu führen andere im Smalltalk zu langweilen, für dich zusammengefasst, damit es dir leichter fällt zu erkennen, ob du vielleicht doch dringend etwas im aktuellen Gespräch ändern solltest.

- Du erzählst gerade nur von dir und gibst der anderen Person keine Chance, sich einzubringen.

Der wohl einfachste Weg, um dein Gegenüber zu langweilen und dazu zu bringen, dass er oder sie wahrscheinlich so schnell wie möglich das Gespräch mit dir beenden möchte ist es, ständig nur von dir selbst zu sprechen und dein Gegenüber überhaupt nicht zu Wort kommen zu lassen. Wie wir bereits wissen, lieben es die meisten Menschen, von ihren eigenen Erfahrungen, Erlebnissen oder auch einfach sich selbst zu erzählen und daher solltest du ihm oder ihr auch immer die Möglichkeit geben, sich in das Gespräch einzubringen.

Dies machst du am besten, indem du der anderen Person fragen stellst und sie oder ihn so in das Gespräch miteinbindest. Natürlich ist es durchaus möglich, auch die ein oder andere Geschichte aus deinem Leben zu erzählen, halte dich dabei jedoch unbedingt so kurz wie möglich und bekunde vor allem auch Interesse an der Geschichten deines Gegenübers.

• Du hältst einen langen Monolog und redest dabei ohne Punkt und Komma.

Vor allem wenn du sehr nervös bist kann es leicht passieren, dass du einfach zu reden beginnst und scheinbar gar nicht mehr aufhören kannst. Auf diese Weise möchtest du vielleicht nur deine Unsicherheit überspielen, dieses Verhalten kann deinen Smalltalk Partner jedoch sehr leicht frustrierend und irgendwann wird er oder sie wahrscheinlich gar keine Lust mehr haben, dir noch länger zuzuhören.
Versuche dich daher unbedingt auch aufs Zuhören zu konzentrieren und verwandle deinen Monolog so schnell wie möglich in einen Dialog, um zu verhindern, dass dein Gesprächspartner vor lauter Langeweile das Weite suchen wird.

• Das Thema, das du gewählt hast, interessiert eigentlich nur dich selbst.

Natürlich ist es in vielen Fällen alles andere als leicht, bei einem Smalltalk das richtige Thema zu wählen und somit dazu beizutragen, dass sich der andere bzw. die anderen gerne an dem Gespräch beteiligen. Sollte dir aber dennoch auffallen, dass dein Gegenüber immer nur sehr einsilbig antwortet und bereits an der Körpersprache abzulesen ist, dass er oder sie keine wirkliche Freude an der aktuellen Konversation hat, kannst du durchaus davon ausgehen, dass das falsche Thema gewählt wurde und du mit einem Themenwechsel vielleicht erreichen kannst, dass sich der andere doch noch gerne am Gespräch beteiligt. Hierbei ist es empfehlenswert, eine sehr offene Frage zu stellen, um etwas mehr über die Interessensgebiete des anderen herauszufinden.

• Dein Gegenüber versteht dich nicht oder kann dem Gespräch nicht folgen.

Sehr einsilbige Antworten können aber auch ein Zeichen dafür sein, dass du gerade über ein Thema sprichst, bei dem sich der andere überhaupt nicht auskennt und du vielleicht auf ein so großes Expertenwissen zurückgreifen kannst und die aus diesem Grund gar nicht auffällt , dass es vielleicht nicht allen so geht. In diesem Fall wirst du dein Gegenüber höchstwahrscheinlich überfordern und der andere gar nicht mehr bereit sein, etwas zu dem Gespräch beizutragen. Stattdessen wird sich dein Gesprächspartner wahrscheinlich schon überlegen, wie er oder sie sich am besten einem anderen Gesprächspartner zuwenden kann. Natürlich wird dies der andere dir gegenüber keinesfalls zugeben wollen, weshalb du auch in diesem Fall immer darauf achten solltest, der anderen Person Fragen zu stellen und sie somit aktiv in das Gespräch miteinzubinden.

Langweilt sich dein Gegenüber beim Smalltalk? Auf diese Warnzeichen gilt es Acht zu geben

1. Dein Gegenüber wiederholt einfach immer nur das, was du gerade gesagt hast.

Fällt dir auf, dass den Gesprächspartner immer nur genau das sagt, was du gerade gesagt hast, liegt dies mit großer Wahrscheinlichkeit daran, dass er dem Gespräch eigentlich gar nicht mehr aufmerksam folgt, sondern mit seinen Gedanken bereits ganz woanders ist, dies jedoch zu verheimlichen versucht.

2. Dein Gesprächspartner wendet sich von dir ab.
Sollte dir auffallen, dass sich dein Gesprächspartner körperlich bereits von dir abwendet, auch wenn es noch so aussieht, als würde er oder sie dir aktiv zuhören, gilt dies auch als eindeutiges Indiz dafür,

dass Langeweile beim anderen aufkommt. Wenn wir jemanden sympathisch finden und uns für das interessieren, was er oder sie zu sagen hat, richten wir unseren Körper meist frontal auf unser Gegenüber aus und versuchen andere äußere Einflüsse zu ignorieren. Ist das hingegen nicht der Fall, kann es sein, dass sich der andere bzw. die andere bereits überlegt, wie man der Gesprächssituation am besten entkommen kann.

3. Dein Gegenüber lässt die Blicke durch den Raum schweifen.

Bemerkst du, dass dich dein Gegenüber eigentlich gar nicht mehr anschaut, sondern sein Blick eine andere Person im Raum zu suchen scheint, kann es ebenfalls sein, dass dein Gesprächspartner bereits eine Möglichkeit sucht, um sich höflich aus dem Gespräch mit dir zurückzuziehen und sich zu verabschieden.

4. Dein Gesprächspartner schaut auf die Uhr oder nimmt das Smartphone aus der Tasche.

Kaum eine Geste sagt so viel über die aktuelle Gefühlslage deines Gesprächspartners aus, als der Blick auf die Uhr. In vielen Fällen wird er oder sie sich nämlich gerade innerlich fragen, wie lange man diesem Gespräch noch folgen muss, um nicht als unhöflich zu gelten. Häufig handelt es sich hierbei um eine unbewusste Geste, aus der du dennoch sehr viel ablesen kannst. Eine eher direkte und vor allem auch unhöfliche Art um Desinteresse zu bekunden, ist es hingegen auf das eigene Smartphone zu schauen. Sollte dein Gesprächspartner dies tun, wird es in vielen Fällen auch für dich besser sein, das Gespräch so schnell wie möglich zu beenden und dich so höflich aus der Affäre zu ziehen.

5. Trommelwirbel auf der Tischplatte.

Ein sehr bekanntes und weit verbreitetes Zeichen für Ungeduld ist das Trommeln mit den Fingern auf der Tischplatte. Kannst du dieses Verhalten bei deinem Gegenüber beobachten, so deutet es auf absolutes Desinteresse hin und du solltest so schnell wie möglich versuchen, deinen eigenen Redefluss aufzuhalten, um den anderen zu Wort kommen zu lassen. Vielleicht möchte er oder sie dir auch unbedingt etwas ganz wichtiges erzählen und kann es daher nicht erwarten, bis du zu sprechen aufhörst.

Gute Themen für den Smalltalk – so machst du bestimmt alles richtig

Vor allem am Anfang eines Smalltalks wirst du schnell versuchen, das richtige Thema zu finden um dein Gegenüber für dich einnehmen zu können und eine interessante Unterhaltung entstehen zu lassen. Die meisten Menschen haben allerdings vor genau dieser Situation Angst und sie machen sich immer darüber Gedanken, worüber man eigentlich mit einer vollkommen fremden Person sprechen kann. Mit unseren Tipps und Tricks wirst du sehr schnell merken, dass es einfacher ist als gedacht, das richtige Thema zu finden.

Zunächst ist es vor allem wichtig dir bereits am Anfang zu verdeutlichen, dass es in vielen Fällen keine Rolle spielen wird, welches Thema du jetzt genau willst, wie wir nun bereits wissen. Gehe einfach offen und mit einem kleinen Lächeln auf dein Gegenüber zu, achte auf deine Mimik sowie deine Stimmlage und schnell wirst du dafür sorgen, dass du deinem zukünftigen Gesprächspartner sympathisch erscheinst und er sich bereits darauf freut, sich mit dir zu unterhalten. Ein weiterer wichtiger Tipp bei der Themenfindung für den Smalltalk ist es, möglichst nicht zu sehr zu versuchen, den anderen für sich einzunehmen und dabei nicht mehr authentisch zu wirken.

Ist das Wetter wirklich ein schlechtes Thema?

„Es ist aber ganz schön kalt geworden...“, Wahrscheinlich hat jeder von uns schon einmal diesen oder einen ähnlichen Satz am Anfang eines Smalltalks gesagt bzw. auch gehört. Das Wetter scheint noch immer das Smalltalk-Thema Nummer 1 zu sein und das hat auch einen guten Grund: Jeder hat etwas dazu zu sagen, es ist absolut unverfänglich und bietet immer wieder neuen Gesprächsstoff. Es ist also nicht das Schlechteste, zunächst über das Wetter zu reden, wenn du einen Gesprächseinstieg möglichst schnell und unkompliziert schaffen willst. Spätestens nach ein oder auch zwei Sätzen ist im Normalfall jedoch alles über das Wetter gesagt und anschließend solltest du unbedingt vermeiden, dass sich nur mehr peinliches Schweigen breitmacht. Zudem kann es sein, dass du das Thema Wetter möglichst ausklammern möchtest, um nicht als unkreativ zu gelten. Dann stellt sich natürlich die Frage, welche Themen stattdessen geeignet sind, um den Gesprächspartner nicht in Verlegenheit zu bringen, einen guten Smalltalk zu starten und dem anderen als sympathischen und gut gelaunten Gesprächspartner in Erinnerung zu bleiben. Wir haben die wichtigsten Smalltalk-Themen zusammengefasst, die nahezu immer passen und dafür sorgen, dass du zum echten Smalltalkprofi wirst.

• Fragen, die die unmittelbare Situation betreffen

Es ist meist alles andere als notwendig, sich lange ein besonderes Thema für einen Smalltalk auszudenken und bereits im Vorhinein potentielle Gesprächsthemen parat zu haben, um eine gute Unterhaltung beginnen zu können. Denke bitte immer daran, dass ein guter Smalltalk in vielen Fällen vor allem von der Spontanität lebt und daher auch sehr situationsabhängig ist. Je ungezwungener das Gespräch gelingt, umso erfolgreicher wird es höchstwahrscheinlich sein. Wähle daher einfach ein Thema, das zu deiner bzw. eurer aktuellen Situation passt und stelle eine Frage, die dazu führt, dass ihr euch unterhalten könnt. Dabei spielt es keine Rolle, ob du dich gerade auf einer Party befindest, bei einem Geschäftsessen bist oder du in einem Geschäft in der Schlange stehst, lass dich von der Situation inspirieren und gehe anschließend einen Schritt auf dein Gegenüber zu.

Beispiele:

- Das ist aber ein tolles Lied. Wissen Sie, wer es singt?
- Woher kennen Sie denn den Gastgeber?
-Was essen Sie da gerade? Das sieht ja fantastisch aus.
-Finden Sie das Eis hier auch so gut?

Fragen, die sich um das Thema Freizeit drehen

Das perfekte Thema, um ein ungezwungenes Gespräch zu beginnen und das sowohl bei beruflichen als auch bei privaten Veranstaltungen sind Freizeitaktivitäten. Das liegt zum einen daran, dass absolut jeder etwas dazu zu sagen haben wird und die einzelnen Sportarten und Hobbys, die jeder so hat bzw. betreibt in den meisten Fällen sehr viel weiteren Gesprächsstoff bieten. Zum anderen ist dieses Thema perfekt geeignet, da wir sofort ein gutes Gefühl bekommen und uns in der jeweiligen Situation wohlfühlen, wenn wir an unsere wohlverdiente Freizeit denken und den vielen Spaß, den wir in dieser dank unserer Hobbys haben. Auch Aktivitäten oder Veranstaltungen, die man am Wochenende besucht hat bieten meistens tollen Gesprächsstoff für Businessmeetings, die zum Beispiel montags oder dienstags danach stattfinden. Ab ca. Donnerstag kannst du hingegen nachfragen, was der andere den so am Wochenende geplant hat und ihn oder sie ebenfalls über deine Freizeitpläne in Kenntnis setzen.

Beispiele:

-Wie war denn Ihr Wochenende?
-Haben Sie etwas Besonderes am Wochenende gemacht?
-Haben Sie bereits Pläne, für das kommende Wochenende?
- Machst du sehr viel in deiner Freizeit außer Haus oder bist du auch gerne zu Hause und liest einfach ein gutes Buch?
-Wie entspannst du nach der Arbeit am liebsten?

Fragen, zu aktuellen Serien, Filmen, Büchern oder auch Musik

Vor allem unter jüngeren Menschen handelt es sich bei den Themen Serien, Filme oder auch Musik um allzeit beliebte Bereiche, die nicht nur sehr viel Gesprächsstoff bieten, sondern es uns in vielen Fällen noch einfacher machen, unser Gegenüber besser einschätzen zu können. Bei Businessmeetings ist es hingegen empfehlenswert, sich lieber über aktuelle Literatur zu unterhalten und zum Beispiel Bücher ins Spiel zu bringen, die zumindest in entfernter Weise mit deinem Beruf zu tun haben. Die Bücher, die du ansprichst, solltest du aber natürlich auch wirklich gelesen haben. Generell ist es empfehlenswert, als echter Smalltalk Profi immer über aktuelle Chart- und Bestsellerlisten Bescheid zu wissen um eine ungefähre Ahnung von den Inhalten der Bücher oder auch der besten Filme, die gerade im Kino laufen, zu haben.

Beispiele:

-Was war der beste Film, den Sie in letzter Zeit gesehen haben?
-Gibt es einen Schauspieler, den Sie besonders gut finden? Welcher Film mit ihm/ihr hat Ihnen am besten gefallen?
-Welches Buch haben Sie in letzter Zeit gelesen? Hat es Ihnen gefallen?
-Gibt es noch ein anderes Buch, dass Sie mir empfehlen würden?
-Welche Serie hat Ihnen in letzter Zeit besonders gut gefallen? Ich bin gerade dabei, mir eine neue zu suchen.

Fragen, rund um das Thema Essen

Ähnlich wie beim Wetter handelt es sich auch bei dem Thema Essen um einen Bereich, mit dem man beim Smalltalk eigentlich nicht viel falsch machen kann. Jeder von uns hat zumindest eine Lieblingsspeise und auch wenn die Geschmäcker noch so verschieden sind, kann man sich meist mit den unterschiedlichsten Gesprächspartnern sehr gut über diesen Sachverhalt austauschen. Aktuelle Ernährungstipps und kritische Meinungen dazu solltest du hingegen eher vermeiden, da du nicht genau weist, ob dein Gegenüber vielleicht eine besondere Diät einhalten muss, sich vegan ernährt oder vielleicht sehr gerne Fleisch isst. Bist du auf einer Veranstaltung, bei der Essen angeboten wird und es zum Beispiel ein Buffet gibt, bieten die Gerichte, die vorhanden sind meinst einen tollen Anhaltspunkt, um sich darüber zu unterhalten.

Beispiele:
-Können Sie mir etwas vom Buffet/von der Karte empfehlen?
-Haben Sie die Brötchen versucht? Die sind einfach köstlich.
-Haben Sie bereits das neue Restaurant ausprobiert, das eröffnet hat? Wie hat es Ihnen geschmeckt?
-Kochst du gerne selbst oder bestellst du lieber?

Fragen, rund um das Thema Urlaub und Reisen

Ferne Länder bereisen, gleichzeitig andere Kulturen kennenlernen und wunderschöne Schauplätze entdecken – kaum jemand liebt es nicht zu Reisen und Urlaub zu machen. Auch diese Themen sind daher bestens dafür geeignet, um einen erfolgreichen Smalltalk zu führen und mit einem Gesprächsthema so richtig schön ins Plaudern zu kommen. Dabei spielt es keine Rolle, ob dein Gesprächspartner gerade erst aus dem Urlaub zurückgekehrt ist und viele tolle Entdeckungen gemacht hat oder vielleicht eine Reise plant, er oder sie wird sich auf alle Fälle darüber freuen, mit dir darüber sprechen zu können. Des Weiteren wird sich dein Gegenüber sofort an die schöne Zeit zurück erinnern bzw. die Vorfreude auf die nächste Reise wird erwachen, wodurch das Gespräch noch entspannter und aufgelockerter wird.

Häufig blühen Menschen vor allem dann auf, wenn man sie fragt, was denn ihr Lieblingsreiseziel ist und was diesen Ort für sie so besonders macht. Auf diese Weise kannst du sehr schnell auf einer persönlichen Ebene kommunizieren, ohne dabei Grenzen zu überschreiten. Im besten Fall fragst du anschließend auch noch nach Geheimtipps, die man bei der jeweiligen Urlaubsdestination unbedingt gesehen haben muss. Vielleicht würde dir dein Gesprächspartner nun bereits gerne seine Visitenkarte geben, damit ihr euch noch einmal über das Urlaubsland austauschen könnt und er oder sie dir weitere Informationen darüber zukommen lassen kann. Aber es gibt noch viele andere Gesprächseinstiege rund ums Thema Reisen, die zu einem erfolgreichen Smalltalk führen können, wie du gleich sehen wirst.

Beispiele:
-Haben Sie aktuell eine Reise geplant?
- Wo waren Sie zuletzt auf Urlaub?
-Ich werde sehr bald nach ... reisen. Waren Sie schon einmal dort?
-Gibt es eine Urlaubsdestination, die Sie gerne unbedingt bereisen möchten?
-Machst du gerne Städtereisen oder liegst du lieber am Strand?

- KAPITEL FÜNFZEHN -

Einstiegsfragen, die beim Smalltalk einfach immer funktionieren

HAST DU GROSSE PROBLEME damit, mit anderen Menschen ins Gespräch zu kommen und bereitet dir die Vorstellung Smalltalk zu führen bereits jetzt große Sorgen, solltest du neben den bereits oben genannten Hilfestellungen einige zusätzliche Fragen parat haben, die einfach immer funktioniert. Auf diese kannst du zurückgreifen, wenn dir absolut nichts anderes mehr einfällt, du dringend das Thema wechseln möchtest oder du dich als aktiver und interessanter Gesprächspartner positionieren willst. Das wird vor allem dann wichtig, wenn du bereits einige andere unverfängliche Themen, wie zum Beispiel das Wetter, abgearbeitet hast und das Gespräch trotzdem einfach keinen natürlichen Verlauf nehmen möchte, du es aber noch nicht aufgeben willst.

- Was machen Sie beruflich?

Hierbei handelt es sich wohl um die am häufigsten gestellte Einstiegsfrage beim Smalltalk und das auch völlig zu Recht. Das Thema Beruf bietet dir die Möglichkeit, der anderen Person Redezeit zur Verfügung zu stellen. Das liegt vor allem daran, dass der Gesprächspartner sofort über ein Thema sprechen kann, bei dem er oder sie sich wirklich auskennt und somit mit Expertise glänzen kann. Des Weiteren bietet dir diese Frage die Möglichkeit, zahlreiche Anschlussfragen zu stellen und zudem auch von deinem eigenen Beruf zu erzählen. Es handelt sich hierbei um ein sehr gutes Thema, wenn du ein Gespräch ins Rollen bringen willst, allerdings solltest du dir auch bewusst sein, dass es sich um ein ziemlich abgeschlossenes Thema handelt und dass dein Gegenüber diese Frage sicherlich nicht zum ersten Mal gestellt bekommt. Mit Originalität zu glänzen wird mit diesem Thema daher nicht möglich sein, dennoch ist die Frage nach der beruflichen Tätigkeit in vielen Fällen die perfekte Wahl, um den Gesprächseinstieg zu meistern.

- Welches Buch lesen Sie gerade?

Bei dieser Frage handelt es sich bereits um einen interessanteren und vor allem auch originelleren Weg, um einen Smalltalk zu beginnen bzw. diesen am Laufen zu halten. Als Gesprächseinstieg würde dieses Thema in vielen Situationen etwas zu persönlich erscheinen. Habt ihr euch jedoch schon über Belanglosigkeiten ausgetauscht, kann die Frage nach dem aktuellen Buch durchaus eine Möglichkeit sein, um sich als besonders interessanter Gesprächspartner zu erweisen. Voraussetzung hierfür ist jedoch in den meisten Fällen, dass du dich auch selbst wirklich für Bücher interessiert und von Zeit zu Zeit eines liest, um bei der Gegenfrage auch mit einer tollen Antwort überzeugen zu können. Das Thema Bücher stellt damit ein tolles Smalltalkgebiet dar, da es zahlreiche weitere Themen wie Hobbys oder weitere Interessen eröffnet und somit ein neues Gesprächsthema in greifbare Nähe rückt.

- Was inspiriert Sie?

Mit einer solchen Frage beweist du sofort, dass du ein echter Smalltalkprofi bist und den anderen sofort auf einer tieferen Ebene kennenlernen möchtest. Dieser Einstieg ist daher keinesfalls für jeden Smalltalk geeignet, kann im richtigen Moment eingesetzt jedoch dazu führen, dass du die andere Person sofort von dir überzeugst und er oder sie sich gerne länger und intensiver mit dir unterhalten will. Die Frage nach der Inspirationsquelle kann nämlich von deinem Gegenüber ganz unterschiedlich interpretiert werden und sowohl zum Thema Religion, Hobbys aber auch Kunst führen und somit ein weites Themengebiet öffnen. Es ist daher nicht verwunderlich, dass diese Frage mittlerweile häufig auch bei Vorstellungsgesprächen zum Einsatz kommt, um den Gesprächspartner wirklich kennenzulernen und herauszufinden, wie er oder sie auf eine solche offene Frage reagiert.

- Wo haben Sie Ihre Ausbildung gemacht/studiert?

Möchte man die typische Frage nach dem Beruf nicht sofort stellen bzw. merkt man, dass die andere Person vielleicht gerade nicht über dieses Thema reden möchte, da sie vielleicht gerade arbeitslos ist oder einfach eine stressige Zeit im Berufsalltag hat, ist diese Frage perfekt geeignet, um dennoch etwas über den anderen zu erfahren, ohne persönliche Grenzen zu verletzen. Natürlich solltest du damit keinesfalls signalisieren, dass dich der aktuelle Beruf nicht interessiert, aber die Frage nach der Ausbildung bzw. Studienzeit macht es möglich, sich ebenfalls über verschiedene Städte oder einfach Lebensentwicklungen zu unterhalten. Des Weiteren denken die meisten Menschen gerne an ihre Ausbildungszeit oder auch die Zeit auf der Universität zurück und vielleicht kann ja auch deinerseits die ein oder andere lustige Anekdote aus dieser Zeit zum Einsatz kommen, mit der du deinem Gesprächspartner zudem auch gleich noch zeigen kannst, dass du absolut kein Problem damit hast, auch einmal über dich selbst zu lachen und hierbei handelt es sich um die beste Form des Humors bei einem Smalltalk, wie wir bereits vorher erfahren haben.

- Und warum sind Sie hier?

Bei dieser Frage ist große Vorsicht geboten, denn wenn du sie falsch betonst, wirkt sie nicht nur äußerst unhöflich, sondern kann zudem dafür zu führen, dass sich dein Gesprächspartner dir gegenüber zu verteidigen beginnt und du das Gespräch eher nach einem Verhör klingen lässt, als nach einer netten Plauderei. Richtig eingesetzt bedeutet sie jedoch einfach, dass du gerne von dem anderen erfahren möchtest, warum er zu diesem Vortrag gekommen ist, woher er die Gastgeberin bzw. den Gastgeber kennt oder ob dein Gesprächspartner in der Firma beruflich aktiv ist oder einfach als Kunde eingeladen wurde. Damit dir hier keines Falls ein Fauxpas unterläuft, solltest du bereits im Vorhinein üben, die Frage richtig zu betonen. Sie ist vor allem dann besonders gut geeignet, wenn du nicht nur etwas mehr über deinen Gesprächspartner erfahren willst, sondern diesen dazu bringen willst, dir die ebenfalls die gleiche Frage zu stellen. Auf diese Weise kannst du besonders schnell auf ein persönliches Anliegen zu sprechen kommen bzw. dich positionieren und somit für den anderen ein noch interessanterer Gesprächspartner werden. Setze Fragen wie diese daher sehr gezielt ein und nur dann, wenn sie wirklich passt.

- Wie haben Sie den Vortrag gefunden?

Bei dieser Frage kommt es natürlich in erster Linie darauf an, dass wirklich eine Präsentation, ein Vortrag, oder Ähnliches stattgefunden hat, über das du dich nun mit dem Smalltalkpartner austauschen kannst. Des Weiteren ist es absolut empfehlenswert sie nur dann zu stellen, wenn der Vortrag oder Ähnliches gelungen war, da wir bereits erfahren haben, dass Smalltalk Themen vor allem am Anfang unbedingt positiv besetzt sein sollten. Nichts wäre peinlicher, als wenn dein Gegenüber den Vortrag absolut toll gefunden hat, du jedoch bereits darüber losschimpfen und deine negativen Ansichten mitteilen wolltest. Sollte dies wirklich der Fall sein, halte mit deiner Meinung lieber hinterm Berg und versuche dennoch nicht zu überschwänglich darüber zu sprechen, da du ansonsten sehr schnell nicht mehr authentisch wirken würdest. Ist das nicht der Fall und du fandest den Vortrag einfach gut, handelt es sich hierbei natürlich ebenfalls um einen sehr guten Gesprächseinstieg, der zu vielen weiteren beruflichen aber auch privaten Themen führen kann. Zudem kannst du bereits am Anfang zeigen, was für ein guter Gesprächspartner du bist, indem du gezielt die richtige Körpersprache einsetzt und natürlich auch aufmerksam zuhörst.

- Möchten Sie etwas trinken?

Auch dieser Gesprächseinstieg ist nur in gewissen Situationen möglich, lässt seinen Gesprächspartner bzw. deinen zukünftigen Gesprächspartner jedoch sehr schnell merken, dass du ein äußerst höflicher Mensch bist, der die allgemeinen Umgangsformen beherrscht und zudem aufmerksam ist. Stell dir zum Beispiel vor, du bist gerade auf der Suche nach einem Smalltalkpartner und bemerkst plötzlich, dass eine andere Person gerade alleine am Tisch steht und vielleicht gerade ebenfalls auf der Suche nach etwas Unterhaltung ist. Die andere Person wird sich nicht nur sehr über deine äußerst guten Manieren freuen, sondern zudem gerne mit dir plaudern und schon ist der erste Schritt zu einem erfolgreichen Smalltalk gemacht.

Die Themen-No-Go´s beim Smalltalk - was du auf keinen Fall sagen solltest

Wir haben nun bereits einiges darüber gehört, welche Themen beim Smalltalk eigentlich immer eine gute Wahl sind und wie sie am besten zum Einsatz kommen. Dieses Wissen ist natürlich sehr wichtig, um dafür zu sorgen, dass du zukünftig in Smalltalk Situationen absolut überzeugen wirkst und auf deinen Gesprächspartner einen sympathischen Eindruck machst. Viel wichtiger sind jedoch die Themen, die du lieber keinesfalls ansprechen solltest, um zu verhindern, dass du in ein Fettnäpfchen tapst oder du dein Gegenüber in Verlegenheit bringst. Darüber Bescheid zu wissen, über welche Themen man spricht bzw. welches zu vermeiden gilt, ist eine ganz entscheidende

Fähigkeit, um zukünftig als ernstzunehmender und vor allem gern gesehener Gesprächspartner zu gelten. Sowohl in beruflichen als auch in privaten Situationen wird dir die richtige Themenwahl dabei helfen, andere von dir zu überzeugen und vor allem dafür zu sorgen, dass sich deine Gesprächspartner in deiner Anwesenheit wohlfühlen. Wir haben darum die wichtigsten Themen für dich zusammengefasst, auf die du auf alle Fälle verzichten solltest, wenn du einen erfolgreichen Smalltalk führen willst.

• Klatsch & Tratsch jeglicher Art – Gerüchte sind kein geeignetes Smalltalk Thema

Du bist davon überzeugt, dass du mit deinen Wissen über andere Personen, interne Vorgänge in der Geschäftswelt oder auch den privaten Problemen von Paaren, die du und dein Smalltalkpartner beide kennen überzeugen kannst? Dann müssen wir dich hier leider enttäuschen, denn Klatsch und Tratsch jeglicher Art sollten beim Smalltalk unbedingt vermieden werden. Du kannst dir nie sicher sein, wie die andere Person zu den von dir angesprochenen Menschen steht, ob er oder sie vielleicht selbst in die von dir erzählte Geschichte verwickelt ist oder vielleicht aus einem anderen Grund nichts zu diesem Sachverhalt sagen will. Du solltest dich daher bei deinen Erzählungen unbedingt auf Fakten konzentrieren und keinesfalls der Versuchung widerstehen, irgendwelche Gerüchte zum Besten zu geben. Auch wenn dein Gesprächspartner nicht persönlich betroffen sein sollte, kann er ansonsten sehr schnell den Eindruck gewinnen, dass du jemand bist, der sich gerne über andere lustig macht oder anvertraute Geheimnisse einfach weitererzählt und das würde natürlich alles andere als einen guten Eindruck machen. Tu also dir selbst und vor allem auch allen anderen einen Gefallen und lasse private Themen anderer Personen, die nicht in das Gespräch involviert sind oder auch internes Geschäftswissen, beim Smalltalk außen vor.

• Krankheiten – ein Thema, bei dem sich einfach niemand richtig wohlfühlt

Stelle dir einmal folgendes Szenario vor: du beginnst gerade eine nette Plauderei mit einer Dame, die vor dir in der Schlange auf ein Brötchen wartet und plötzlich erzählt sie dir von dem Raucherbein ihrer

Oma, das einfach nicht mehr heilen will. Wahrscheinlich bekommst du nun sehr schnell ein Gefühl dafür, wie unangenehm Themen wie körperliche Gebrechen, psychische Leiden und natürlich auch der Tod sein können, wenn dir die andere Person entweder gar nicht oder nur flüchtig bekannt ist. Das ist auch der Grund, warum Krankheiten jeglicher Art kein geeignetes Gesprächsthema sind, um einen Smalltalk zu führen. Solch schwere Kost wird nämlich in den meisten Fällen nur dazu beitragen, dass man selbst an Krankheitsfälle in der eigenen Familie bzw. im Bekanntenkreis denken muss bzw. die Erzählungen vielleicht so anschaulich sind, dass man das Gespräch am liebsten sofort beenden will. Weder deine eigene Krankheitsgeschichte noch die deines Partners oder sonst dir nahestehenden Personen haben also im Smalltalk etwas zu suchen und sollten dringend gemieden werden.

• Unwahrheiten – mach dich nicht besser, als du bist

Vielleicht kommst du gerade beim Geschäftsevent neben deinem Chef zu stehen und du möchtest diese Chance nutzen, um ihn oder sie so richtig zu beeindrucken. Dabei handelt es sich natürlich um eine komplett normale menschliche Regung, du solltest aber dennoch immer daran denken, dass Lügen kurze Beine haben und du daher unbedingt bei der Wahrheit bleiben solltest. Kleine Schmeicheleien sind durchaus erlaubt, aber lügen solltest du niemals. Auch wenn du das Gefühl hast, dass dir die andere Person niemals draufkommen könnte, da es sich bei deiner erzählten Heldentat nur um eine Lüge handelt, solltest du dir keinesfalls sicher sein. Vielleicht bekommt auch eine andere Person gerade deine Geschichte mit und wird dich von nun an nicht mehr als authentische oder auch ehrliche Person einstufen. Jede noch so kleine Flunkerei kann dir fruhere später auf den Kopf fallen, weshalb du sie dringend vermeiden solltest.

• Politik – ein heikles Thema, das es ebenfalls auszulassen gilt

An und für sich wäre das Thema Politik gar nicht schlecht geeignet, um einen Smalltalk zu führen, da nahezu jeder Mensch etwas zu diesem Sachverhalt zu sagen hat und man in den meisten Fällen sehr fest hinter seiner eigenen Meinungen steht. Genau das ist jedoch der Grund, warum du das Thema Politik beim Smalltalk keinesfalls anschneiden solltest, da hier sehr unterschiedliche Meinungen aufeinander treffen und diese sich sehr schnell zu einem ausgedehnten Streitgespräch entwickeln können. Sollte die Sprache dennoch auf das Thema Politik kommen, ist es empfehlenswert möglichst allgemeingültige Aussagen zu tätigen und sich nur in absoluten Ausnahmesituationen auf eine Diskussion einzulassen. Denke hier einfach immer daran, dass ein Smalltalk keinesfalls dafür gedacht ist, um jemand anderen seine Meinung aufzudrücken oder diesen sogar von einer anderen Einstellung zu überzeugen. Eine Ausnahme stellen hier ausschließlich Parteisitzungen oder auch Veranstaltungen dar, bei denen du dir absolut sicher sein kannst, dass ausschließlich Menschen anwesend sind, die mit deiner politischen Einstellung übereinstimmen, ansonsten ist das Thema Politik einfach immer auszusparen.

• Allzu vertrauliche Themen – denke immer daran, dass du die andere Person noch nicht kennst

Natürlich kann es äußerst lustig sein einen Smalltalk damit zu beginnen, wie du vor zwei Wochen ein Meeting gemeistert hast, obwohl du am Tag davor mit deinen Freunden feiern und daher noch immer betrunken warst. Aber auch wenn die Geschichte für dich persönlich noch so lustig ist, ist sie keinesfalls dafür geeignet, um mit einer anderen Person, die du noch fast gar nicht kennst, ins Gespräch zu kommen. Denke bitte immer daran: beim Smalltalk geht es primär darum, einen guten ersten Eindruck bei der anderen Person zu hinterlassen und dich dieser sozusagen von deiner besten Seite zu präsentieren. Anekdoten, die dich und deine Persönlichkeit in ein schlechtes Licht rücken könnten, sind daher unbedingt zu meiden. Natürlich bedeutet es noch lange nicht, dass du dich jede Woche sinnlos betrinkst, nur wenn du einmal einen kleinen Absturz hattest und mit deinen Freunden gemeinsam gefeiert hast, dennoch könnte eine solche Geschichte beim ersten Gespräch dazu führen, dass die andere Person genau diesen Eindruck von dir erhält. Halte dich daher lieber etwas zurück und greife auf Geschichten zurück, die dich in ein gutes Licht rücken, ohne dabei zu übertreiben. So kannst du dein Gegenüber davon überzeugen, was für ein angenehmer Gesprächspartner du bist.

• Das liebe Geld – ein weiteres Tabuthema beim Smalltalk

Während es in anderen Ländern wie zum Beispiel Amerika oder auch Schweden Gang und Gebe ist, sich vollkommen offen über das eigene

Einkommen auszutauschen, gilt dies im deutschsprachigen Raum als absolutes Tabu. Dabei spielt es kaum eine Rolle, ob es eben um das eigene Gehalt geht oder auch die Umsatzzahlen des letzten Quartals bzw. den Kaufpreis des neuen Eigenheims - Geld als Thema in einen Smalltalk einzubauen zeugt davon, dass du die grundlegenden Regeln der unverfänglichen Plauderei nicht beherrscht. Somit kann es sehr schnell passieren, dass dich der andere nicht nur als unangenehmen Gesprächspartner empfindet, sondern ganz allgemein an deinen Umgangsformen zu zweifeln beginnt und du somit alle Chancen auf ein weiteres Gespräch verspielst. Versuche daher die Privatsphäre deines Gegenübers unbedingt zu wahren und meide das Thema Geld. Auch das Sprechen über das eigene Gehalt gilt als absolutes No-Go, da es schnell als Prahlerei aufgenommen werden kann.

• Beziehungsprobleme - allzu persönliche Themen gilt es ebenfalls zu vermeiden

Bereitet uns eine Person, die uns nahe steht Kummer, so können wir meistens nicht anders, als uns ständig mit diesem Thema zu beschäftigen. Das ist auch der Grund, warum es oft sehr schwer fällt, nicht über dieses Thema zu reden. Mit einem Gespräch erhoffen wir uns nicht nur, dass wir uns besser fühlen, sondern auch noch den ein oder anderen Rat von unserem Gegenüber zu bekommen, um mit der schwierigen Situation besser umgehen zu können. Bevor du jedoch damit beginnst, einer dir unbekannten Person beim Smalltalk allzu schnell von den Problemen mit deiner besten Freundin, deiner Mutter oder vielleicht auch deinem Nachbar zu erzählen, solltest du dir darüber im Klaren sein, dass es sich hierbei um sehr persönliche Dinge handelt, die du besser mit einem vertrauten Freund oder auch einem nahestehenden Verwandten besprechen solltest.

Das liegt zum einen daran, dass eine uns wenig vertraute Person die persönlichen Informationen, die sie von uns bekommen hat einfach weitererzählen kann und du möchtest doch bestimmt nicht, dass es die Runde macht, warum du gerade mit deinem Ehemann Streit hast oder du Probleme mit dem Verhalten deines Kindes hast. Genau das kann jedoch passieren, wenn du beim Smalltalk dein Herz auf der Zunge trägst.

Zum anderen kannst du deinen Gesprächspartner sehr schnell in eine missliche Lage bringen, wenn du versuchst, ihn auf deine Seite zu ziehen, obwohl der andere die beteiligten Personen ja gar nicht kennt und auch bei dir noch nicht weiß, wie er dich einschätzen soll. Aus Respekt deinem Gesprächspartner, aber natürlich auch deinen Freunden, deinem Partner bzw. deiner Familie gegenüber, solltest du daher dringend darauf verzichten, aktuelle Probleme im Smalltalk breitzutreten.

Dabei gibt es natürlich einen gravierenden Unterschied zwischen sogenannten „harten“ und „weichen“ Themen. Es gibt durchaus private Dinge, über die du auch beim Smalltalk sprechen kannst und die dazu beitragen werden, dass dich dein Gesprächspartner als ehrliche und offene Person wahrnimmt. Hast du zum Beispiel erst vor kurzer Zeit ein Kind bekommen und dieses möchte immer noch nicht durchschlafen, so handelt es sich hierbei durchaus um ein solches Thema, über das man gut mit anderen plaudern kann. Dem anderen jedoch zu erzählen, was das Kind schon alles kann und das es doch ach so intelligent ist, wirkt hingegen wiederum arrogant und sollte daher keinesfalls Gesprächsthema beim Smalltalk sein.

- KAPITEL SECHSZEHN -

Die 10 peinlichsten Smalltalk Themen im Überblick

UM DIR EIN BESSERES Bild davon zu verschaffen, welche Smalltalk Themen du unbedingt aussparen solltest, um in kein Fettnäpfchen zu treten, kommen hier noch einmal 10 konkrete Beispiele für unpassende Formulierungen. Zudem zeigen wir, warum gewisse Formulierungen einem gelungenen Smalltalk häufig im Weg stehen:

„Haben Sie gesehen, was die Rednerin an hatte? Das war doch sowas von unpassend!"

Kritische Formulierungen über das Outfit anderer solltest du dir beim Smalltalk immer sparen, da sie dich unsympathisch wirken lassen können und die Person, über die du dich gerade auslässt, eine Bekannte/ein Bekannter oder vielleicht auch eine Freundin/ein Freund deines Gesprächspartners sein könnte.

„Unglaublich, dass der Bürgermeister bei dieser Veranstaltung eingeladen ist und das bei der Entscheidung, die er letzte Woche getroffen hat."

Politische Aussagen wie diese führen sehr schnell dazu, dass du dich nicht nur eindeutig positionierst, sondern du den anderen auch in eine unangenehme Situation bringen kannst, wenn dieser zum Beispiel voll und ganz hinter der Politik steht bzw. vielleicht sogar persönlich bei der Entscheidungsfindung miteinbezogen wurde. Denke immer daran, politische Meinungen sind so unterschiedlich wie die Menschen selbst und du kannst bzw. solltest nie davon ausgehen, dass du bei einem Smalltalk auf eine Person triffst, die die gleichen Einstellungen und Ansichten hat wie du. Unverfänglichere Themen sind daher viel besser geeignet, um bei deinem Gegenüber einen guten Eindruck zu machen und dafür zu sorgen, dass dich dieser in positiver Erinnerung behält.

„Habt ihr auch schon gehört, was in der Buchhaltung gerade los ist?"

Nach einem Satz wie diesem kannst du dir ganz sicher sein, dass du plötzlich die Aufmerksamkeit der gesamten Belegschaft hast und es alle gar nicht mehr erwarten können, bis du endlich weiter redest. Mache also keinesfalls den Fehler und verbreite Gerüchte, die sich schlussendlich als absoluter Blödsinn herausstellen, da du mit diesem Verhalten ganz schön auf die Nase fallen könntest. Zudem solltest du keineswegs riskieren, den Ruf einer anderen Person oder vielleicht sogar deines Arbeitgebers zu beschädigen. Dies wird nämlich von allen anderen Beteiligten Personen nicht gerade als feiner menschlicher Zug wahrgenommen werden und im schlimmsten Fall stehst du schlussendlich sogar als Lügner dar.

„Ich finde es nicht gut, wie die katholische Kirche mit den aktuellen Missbrauchsfällen umgeht."

Meinungen wie diese können ganz einfach dazu führen, dass du gläubige Katholiken bzw. vielleicht sogar Menschen, die für die Kirche arbeiten in Verlegenheit bringst und diese sich vielleicht direkt für das Verhalten der Kirche verantwortlich fühlen. Der eigene Glaube bzw. die eigene Religion sind für viele Menschen ein äußerst persönlicher und vor allem auch wichtiger Bereich in ihrem Leben, weshalb du religiöse Äußerungen wie diese unbedingt vermeiden solltest, wenn du einen erfolgreichen Smalltalk führen willst.

„Gott sei Dank verdiene ich so gut. Unsere Renten sind alles andere als sicher."

Geld ist immer ein sehr heikles Thema, wenn du gerade einen Smalltalk führst, das wissen wir mittlerweile genau. Es ist wichtig immer darauf zu achten, deinen Gesprächspartner keinesfalls in Verlegenheit zu bringen, denn du weißt nie, wie dessen Lebenssituation oder auch finanzielle Lage aussieht. Das Thema Finanzen kann ganz schnell dazu führen, dass ein zunächst locker flockig geführtes Gesprach innerhalb von Sekunden kippt und sich bei deinem Gegenüber Existenzängste oder andere negative Emotionen breitmachen. Zudem willst du doch bestimmt nicht für einen Schnösel gehalten werden, da auch diese Eigenschaft als nicht besonders sympathisch gilt.

„Meine Frau und ich lassen uns gerade scheiden."

Offenbarungen, wie diese haben in einen Smalltalk absolut nichts verloren, da sie nicht nur sehr persönlich sind, sondern eine Person, die du vielleicht gerade erst kennengelernt hast in Wahrheit absolut nichts darauf antworten kann. Daher ist die einzige Antwort, die du wahrscheinlich darauf bekommen wirst, betretenes Schweigen. Wahre daher zu jeder Zeit die persönlichen Grenzen deines Gesprächspartners und dir selbst und versuche sie keinesfalls zu überschreiten. „Ich fand es einfach toll, wie viele Pseudonyme der Redner eingebaut hat. Auf die vielen Anglizismen hätte er hingegen besser verzichtet, da sie den Sachverhalt nicht gerade transparenter gemacht haben."

Es ist nur allzu verständlich, dass du deinem Gesprächspartner zeigen willst, wie wortgewandt und vor allem gebildet du bist. Es aus diesem Grund jedoch im Gespräch mit Fremdwörtern zu übertreiben, ist in vielen Fällen der absolut falsche Weg. Diese können nämlich nicht nur dazu führen, dass du einfach nur angeberisch klingst, kennt dein Gegenüber das ein oder andere Fremdwort nicht, kann das ganz schnell dazu führen, dass dieser sich gar nichts mehr sagen traut, weil er oder sie sich nicht blamieren will. Versuche daher auf keinen Fall, deine Klugheit mit einer Unmenge von Fremdwörtern zu demonstrieren, die du vielleicht selber gar nicht alle wirklich kennst.

„Als ich vor fünf Jahren hier bei der Firma angefangen habe, war die Buchhaltung noch im Erdgeschoss angesiedelt. Dann... Dann..."

Wenn du damit beginnst, aus deinem Leben zu erzählen, solltest unbedingt darauf achten, dass du dich kurz hältst und einen klar strukturierten Sachverhalt darstellst. Ansonsten kann es ganz einfach passieren, dass du zu plaudern beginnst und minutenlang vor dich hinsprichst, ohne zu bemerken, dass du deinen Gesprächspartner schon eine ganze Zeit langweilst. Denke immer daran: der Redeanteil zwischen euch beiden bzw. zwischen allen beteiligten Personen sollte ungefähr gleich lange ausfallen, sodass sich jeder wahrgenommen fühlt und sich beim Smalltalk wohlfühlt.

Dein Gesprächspartner sagt: „Mein letzter Urlaub auf Malta war einfach unglaublich." Deine Antwort: „Das glaube ich."

Denke bitte immer daran: damit ein Gespräch wirklich zustande kommen kann ist es wichtig, dass du die Gesprächsthemen deines Partners aufgreifst und ihm ebenfalls immer wieder Bälle zuwirfst. Kurze einsilbige Antworten deinerseits werden keinesfalls zu einem erfolgreichen und gekonnten Smalltalk führen. Zudem kann dein Gesprächspartner auf diese Weise den Eindruck gewinnen, dass du dich eigentlich gar nicht länger mit ihm unterhalten möchtest und du dich einfach nur langweilst. Die perfekte Antwort wäre zum Beispiel: „Ach wirklich? Wie ist es denn so auf Malta? Was hat die Insel für Sie so besonders gemacht?“

„Gefällt Ihnen das Seminar auch so gut, wie mir?“

Auf den ersten Blick handelt es sich hierbei um eine tolle Möglichkeit, um ein Gesprächs zu beginnen, allerdings bleibt dies auch wirklich nur auf den ersten Blick so, wie du gleich noch sehen wirst. Es handelt sich hierbei nämlich um eine sogenannte geschlossene Frage, die dein Gesprächspartner höchstwahrscheinlich nur mit Ja oder Nein beantworten wird. Wie wir bereits wissen, lebt ein Smalltalk jedoch von gegenseitigen Gesprächsbeiträgen und du solltest daher den anderen dazu bringen, etwas über sich preiszugeben bzw. dir mitzuteilen, wie er oder sie die ganze Situation sieht. Frage daher stattdessen lieber: „Wie gefällt Ihnen denn das Seminar?“ bzw. „Was hat Sie am Vortrag besonders beeindruckt?“

- KAPITEL SIEBZEHN -

Diese Fragen sind beim Smalltalk absolut tabu

NEBEN EINIGEN THEMEN, DIE schnell dafür sorgen können, dass dein Gegenüber das Weite suchen wird, gibt es auch noch einige Fragen, die es dringend zu vermeiden gilt, wenn du möchtest, dass sich dein Gegenüber wohlfühlt und sich gerne mit dir unterhält. Hierbei handelt es sich um Fragestellungen, die sehr häufig allzu persönlich werden und somit dazu führen, dass die Privatsphäre des Gesprächspartners verletzt wird. Interessant ist die Tatsache, dass solche Fragen häufig von Menschen gestellt werden, die auf den ersten Blick besonders offen und zugänglich wirken. Generell gilt ja die Regel, dass man sich einfach einen Ruck geben sollte und auf den anderen zugehen muss, wenn man einen Gesprächspartner für sich gewinnen will. Das entspricht auch der Wahrheit und worüber gesprochen wird, ist dabei eigentlich gar nicht so wichtig, wie wir bereits wissen. Bringt man sein Gegenüber mit einer allzu persönlichen Frage jedoch in Verlegenheit und sorgt somit dafür, dass dieser sich absolut nicht mehr wohlfühlt, hat man sein eigentliches Ziel, nämlich einen erfolgreichen Smalltalk zu führen, absolut verfehlt.

Smalltalk-Fehler Nummer 1: trügerischeres Interesse heucheln, nur um sich selbst besser darzustellen

Hierbei handelt es sich um eine der wichtigsten Regeln, wenn man einen gekonnten Smalltalk führen möchte, diese wird jedoch allzu oft leider einfach ignoriert. Damit sind Fragen gemeint, die zwar eigentlich Interesse bekunden sollen, in Wahrheit jedoch nur darauf abzielen, dass man über seine eigenen Erfolge, Interessen oder auch beruflichen Ziele reden möchte. Nun einige Beispielfragen, die genau darauf abzielen:

„Nehmen Sie dieses Jahr auch am Frühlingsball teil? Wir möchten ja noch so gerne Karten haben, kennen Familie Groups jedoch nicht persönlich. “
„Kennen Sie den Chef persönlich? Vielleicht können Sie ihn mir einmal vorstellen. Ich würde gerne in der Firma weiter aufsteigen. “
„Auf welches Gymnasium geht denn ihre Tochter? Unser Sohn wurde ja an drei verschiedenen aufgenommen.“

Zunächst wirken diese Fragen eigentlich ganz unverfänglich. Betrachtet man jedoch die jeweiligen Nachsätze wird sehr schnell klar, was der Fragende eigentlich möchte. Diese zeigen nämlich, dass es sich um eine trügerische Frage handelt, mit der nur Interesse bekundet werden soll, um das eigene Ziel zu erreichen. Diese Fragestellung wird daher vom Gesprächspartner im Normalfall nicht nur als äußerst unangenehm empfunden werden, es kann sich zudem sehr leicht um einen Fauxpas handeln, der ein Grund dafür sein könnte, warum der Gesprächspartner kein Interesse daran haben wird, sich weiterhin mit dir zu unterhalten.

Stell dir zum Beispiel vor, dein Smalltalk Partner nimmt dieses Jahr ebenfalls nicht am Frühlingsball teil, da er sich mit dem Veranstalter zerstritten hat und nun eigentlich nicht mehr darüber sprechen möchte. Oder die Tochter hat sich an verschiedenen Gymnasien beworben, aufgrund der schlechten Noten wurde es jedoch nichts. Du solltest solch trügerische Fragen also unbedingt vermeiden, wenn du ein angenehmes Gespräch mit deinem Gegenüber führen möchtest, bei dem sich alle ernst genommen fühlen.

Ansonsten riskierst du, dass sich der andere, aufgrund deiner rhetorischen Grobheit, sehr schnell angegriffen fühlt und glaubt, dass du ihn bzw. sie verurteilst. Selbst, wenn die Person, die dir gegenüber steht noch so selbstbewusst ist, kannst du ansonsten einen echten Smalltalk Fauxpas provozieren, der dazu führt, dass sich der andere bzw. die andere nicht mehr weiter mit dir unterhalten will.

Um dafür zu sorgen, dass du jeden Smalltalk gut meisterst und du in kein Fettnäpfchen trittst, solltest du daher lieber alle Fragen vermeiden, die auf einen sozialen, beruflichen oder familiären Vergleich abzielen bzw. nur den Sinn haben, den anderen anschließend um etwas zu bitten. Natürlich ist es dennoch möglich, auch einem Gesprächspartner um etwas zu bitten, den man noch nicht zu lange kennt, allerdings sollte man dabei geschickter vorgehen. Wie wäre es zum Beispiel, ein Thema nur nebenbei anzusprechen, ohne sofort direkt die Frage zu stellen, die einem zu sehr unter den Nägeln brennt. Vielleicht wird dein Gesprächspartner dann ganz von alleine auf das von dir gewünschte Thema zu sprechen kommen, ohne dass du zu direkt dafür werden musstest. Ist das nicht der Fall und dein Gegenüber wechselt schnell zu einem anderen Thema, kannst du ebenfalls davon ausgehen, dass er bzw. sie einfach nicht darüber reden möchte und auch du selbst solltest dann keinesfalls näher nachhaken, da dies in den meisten Fällen schiefgehen wird.

- KAPITEL ACHTZEHN -

Fehler, die du beim Small-talk unbedingt vermeiden solltest

Wir alle kennen sie: Menschen, die einfach nerven und mit denen man sich nie besonders lange unterhalten möchte. Meistens fallen sie einem sehr schnell auf Partys, Familienfeiern oder auch auf beruflichen Meetings durch unangenehme Eigenschaften auf und die meisten Gäste versuchen ihnen ebenfalls möglichst weitläufig aus dem Weg zu gehen. Das eigenartige an solchen Personen ist, dass sie meist überhaupt nicht zu bemerken scheinen, dass sie bei den anderen aufgrund ihrer Art auf Ablehnung stoßen und kommen somit auch gar nicht auf die Idee, dass sie etwas an ihren Verhaltensweisen ändern sollten. Das liegt vor allem daran, dass es uns selbst immer sehr schwer fällt, unsere Wirkung auf andere Personen richtig einzuschätzen und wir daher oft gar nicht wissen, wie diese uns wahrnehmen. Darum ist es so wichtig, dass du dir selbst von Zeit zu Zeit die Frage stellst, wie du eigentlich bei den anderen ankommst und ob es vielleicht einen Grund haben könnte, wenn deine Smalltalks nie besonders lange dauern. Sollte dir also selbst auffallen, dass du häufig nach wenigen Minuten stehengelassen wirst bzw. du es nicht schaffst, mit deinem Gesprächspartner auf eine tiefere Gesprächsebene zu gelangen, wird es Zeit nach den Ursachen dafür zu forschen. Folgende Smalltalk Fehler könnten die Ursache dafür sein, dass du selbst beim Smalltalk nicht besonders gut ankommst bzw. du jemand anders als nicht besonders interessanten und angenehmen Gesprächspartner empfindest.

Der Gesprächsmuffel – wenn es einfach nicht laufen will

Natürlich ist es häufig alles andere als leicht, mit anderen Menschen ins Gespräch zu kommen und sich schnell auf ein gemeinsames Thema zu einigen, zu dem auch wirklich jeder etwas zu sagen hat. Besonders schwierig wird es allerdings dann, wenn sich die andere Person absolut nicht am Gespräch zu beteiligen scheint bzw. jede Frage einfach nur kurz und knackig beantwortet, ohne dass eine Gegenfrage kommt bzw. er oder sie näher auf den Sachverhalt eingeht. Ist das der Fall, wird es in den meisten Fällen sehr schwierig sein einen echten Smalltalk zu führen, da die Kommunikation einfach zu viel Mühe macht.

Besonders angespannte Situationen können entstehen, wenn dich dein Gesprächspartner, nach einer gestellten Frage oder einer gemachten Feststellung wie zum Beispiel, dass die Süßkartoffeln ausgezeichnet schmecken, einfach nur wortlos anstarrt und überhaupt nichts erwidert. In solchen Situationen wird sich derjenige, der etwas gesagt hat nicht nur dumm vorkommen, sondern du wirst dich vielleicht auch fragen, ob sich der andere überhaupt noch mit dir unterhalten möchte. In manchen Fällen kann es in solchen Situationen dennoch hilfreich sein, den anderen mit offenen Fragestellungen zum Reden zu bringen und somit zum Beispiel auf ein Thema zu treffen, dass dein Gegenüber so sehr begeistert, dass er oder sie einfach gar nicht mehr anders kann, als drauflos zu plaudern und dich daran teilhaben zu lassen.

Auch wenn dein Gesprächspartner noch so wortkarg ist solltest du keinesfalls den Fehler machen und zum Alleinunterhalter werden, da es sich bei einem Smalltalk noch immer um ein Gespräch zwischen zwei Menschen und keinen Monolog handeln sollte. Machst du hingegen den Fehler und redest immer weiter auf den anderen ein, wird sich er oder sie noch unwohler fühlen und wahrscheinlich so schnell wie möglich versuchen, das Weite zu suchen. Natürlich kann es immer wieder passieren, dass eine Person eine Geschichte erzählt und der andere gerne dabei zuhört, hierbei solltest du jedoch immer auf Mimik und Gestik des Zuhörers achten. Ein interessierter und neugieriger Zuhörer wird dies auch mit Mimik und Gestik verdeutlichen bzw. zwischendurch wahrscheinlich auch Fragen stellen, um der Thematik weiterhin folgen zu können. Zudem ist es in solchen Fällen durchaus empfehlenswert, die anderen Personen bzw. den Gesprächspartner immer wieder in deine Erzählung miteinzubeziehen und ihm vielleicht sogar mal den Ball zuzuwerfen, um zu sehen, ob er dir und deiner Geschichte noch folgt.

Tatsächlich kann es jedoch immer wieder vorkommen, dass es sich bei deinem Gegenüber einfach um eine Person handelt, die absolut keine Erfahrung auf dem Gebiet des Smalltalks hat bzw. nicht gerne kommuniziert. Sollte dir das Gespräch zu viel Mühe bereiten, ist es empfehlenswert dich einfach zu verabschieden und den Gesprächspartner zu wechseln. So kannst du dennoch eine erfolgreiche und angenehme Smalltalk Situation erleben. Hast du hingegen keine Möglichkeit den Gesprächspartner zu wechseln, so wird in vielen Fällen einfach nur übrig bleiben abzuwarten und zu hoffen, dass ihr vielleicht doch noch ein Thema findet, dass euch beide interessiert. Vielleicht ist dein Gesprächspartner aber auch wirklich an keiner Unterhaltung interessiert und ist das der Fall, solltest du es einfach akzeptieren.

Der Besserwisser - andere zu belehren ist in vielen Fällen unangebracht

Natürlich wirst du auch immer wieder auf Menschen treffen, die dir bereits beim ersten gemeinsamen Gespräch die Welt erklären möchten und davon überzeugt sind, einfach alles besser zu wissen, als du. Zudem zeichnen sich diese häufig durch eine gewisse Arroganz aus, da sie sich den anderen gegenüber überlegen fühlen und mit ihren ungefragten guten Ratschlägen die anderen schnell in Verlegenheit bringen. Solltest du dich daher in einer Runde befinden, in der eine Person alle anderen zu belehren beginnt und ihnen einen Vortrag darüber hält, wie man sich in einer gewissen Situation zu verhalten hat, kann es in vielen Fällen bereits helfen, einfach schnell das Gesprächsthema zu wechseln. Wenn du Glück hast, wird die Person, die sich gerade als absoluter Besserwisser herausstellt, den Wink mit dem Zaun merken und damit aufhören dir zu erklären, wie die Welt eigentlich funktioniert. Möchtest du das Thema wechseln, versuche dies einfach dadurch zu kennzeichnen, dass du nicht mehr auf das im Moment behandelte Thema reagierst bzw. mit Mimik und Gestik demonstrierst, dass du kein weiteres Interesse hast darüber zu sprechen. Besonders wichtig ist dabei, den richtigen Zeitpunkt zu wählen und möglichst rechtzeitig zu erkennen, wenn die Diskussion abzugleiten droht und nur noch eine Person das gesamte Gespräch führt. Bringe so schnell wie möglich einen neuen Gedanken ins Spiel und sorge so dafür, dass der Besserwisser keine Möglichkeit mehr hat, dass gerade besprochene Thema noch weiter zu vertiefen. Falls das auch nicht helfen sollte, ist es in manchen Fällen die einzige Möglichkeit, eine etwas schärfere Tonart zu wählen und damit ganz klar zu zeigen, dass man keine weiteren guten Tipps mehr benötigt.

Damit du selbst nicht in die Falle tappst und die anderen dich als Besserwisser wahrnehmen, solltest du die Menschen in deiner Umgebung nur dann mit guten Ratschlägen versorgen bzw. ihnen Tipps erteilen, wenn du wirklich darum gebeten wirst. Hast du das Gefühl, dass jemand dringend einen Rat von dir brauchen würde, dies jedoch noch nicht weiß bzw. sich einfach nicht zu fragen traut, kann es eine charmante Variante sein, den Ratschlag einfach in eine kurze Geschichte zu verpacken und schon hast du der anderen Person geholfen, ohne dich als Besserwisser zu zeigen. Eine andere Möglichkeit ist es, den anderen einfach taktvoll danach zu fragen, ob er eigentlich Wert auf deine Meinung legt oder nicht. Solltest du auf diese Frage eine positive Antwort erhalten, so kannst du deinen guten Ratschlag ohne weiteres erteilen, allerdings musst du dennoch darauf achten, dass das Gespräch in keine Richtung ausartet und du irgendwann nur mehr einen Monolog darüber hältst, wie man die besprochene Sache richtig angeht.

Der Tabulose – wenn der Smalltalk zu weit geht

Wie du bereits in einem vorigen Kapitel erfahren hast, kann es sehr unangenehm für einen Gesprächspartner werden, wenn die Fragen zu persönlich bzw. intim sind und somit Tabus gebrochen werden. Vor allem beim Smalltalk ist es wichtig, eine gewisse Distanz zu wahren und sich somit auf dem gesellschaftlichen Parkett angemessen zu bewegen. Ungehemmte Fragen haben in einem Smalltalk absolut nichts zu suchen und sollten daher einfach ausgespart werden. Wenn sie von einem anderen kommen kannst du sie im besten Fall als solche enttarnen bzw. einfach ignorieren.

Stelle dir zum Beispiel vor, du nimmst an einem beruflichen Meeting teil und kommst dabei mit einer Kollegin ins Plaudern, die du bis jetzt eigentlich nur aus dem Lift kennst. Nach ein paar netten Worten stellt sie dir plötzlich die Frage, wie viel man eigentlich in deiner Position verdient. Im ersten Moment wirst du wahrscheinlich ziemlich paff sein und gar nicht wissen, wie du nun darauf antworten solltest, da diese Frage in unserem Kulturkreis an und für sich ein echtes Tabu darstellt. Was sollst du nun also machen? Zuerst ist es einmal wichtig, ruhig zu bleiben und tief durchzuatmen. Vielleicht ist diese Frage deinem Gegenüber ja einfach so herausgerutscht oder steckt etwas ganz harmloses dahinter. Zum Beispiel könnte die Dame eine ähnliche berufliche Position wie du anstreben und möchte sich daher

über das Einkommen informieren, mit dem sie somit rechnen könnte. Daher solltest du den eigentlichen Beweggrund ihrer Frage zunächst durch eine Gegenfrage abklären wie zum Beispiel: „Haben Sie vor, sich beruflich zu verändern oder warum interessieren Sie sich dafür, wie viel ich verdiene?“ Je nachdem, wie sie darauf antwortet, kannst du dann reagieren, musst jedoch keinesfalls die Frage beantworten, wie viel du verdienst.
Solltest du hingegen in Verlegenheit kommen und von jemandem über firmeninterne Sachverhalte ausgefragt werden, kannst du dieser Frage aus dem Weg gehen, indem du einfach wahrheitsgemäß sagst, dass du über solche oder ähnliche Themen nicht reden darfst.
In manchen Fällen kann es passieren, dass dir so unangenehme Fragen gestellt werden, dass du gar nicht weißt, wie du auf sie reagieren solltest. Dazu gehören häufig sehr persönliche Fragen wie zum Beispiel, ob dein Ehepartner nicht anwesend ist, weil ihr gerade Streit habt oder du keinen Alkohol trinkst, weil du ein Suchtproblem hast. Solltest du mit einer solchen oder ähnlichen Frage konfrontiert werden, ist keine Antwort in vielen Fällen die beste Antwort, denn mit einer solchen indiskreten Fragestellung kann sich höchstens der Fragende selbst blamieren. Sage daher am besten einfach gar nichts und blicke deinem Gegenüber mit einem leichten Lächeln auf den Lippen tief in die Augen. In den meisten Fällen wird die Person sehr schnell merken, dass er oder sie eine Grenze überschritten hat und vielleicht sogar peinlich berührt sein. Keinesfalls solltest du aufgrund einer solchen Frage unsicher oder gar nervös reagieren, da du ansonsten einem unverschämten Gesprächspartner nur Recht geben würdest und er das geschafft hat, was er wahrscheinlich beabsichtigen wollte, nämlich dich aus dem Konzept zu bringen.

Falls du merken solltest, dass ein anderer Gesprächspartner gerade auf diese Art in Verlegenheit gebracht wird, gilt es ebenfalls als sehr ratsam, sofort einzugreifen und das Thema zu wechseln.

Zudem ist es natürlich selbstverständlich, dass du deinen Smallttalk Partner keinesfalls blamieren, bloßstellen oder auch in Verlegenheit bringen solltest. Auch wenn du vielleicht eine Frage als gar nicht so indiskret empfindest, könnte die ganze Sache bei deinem Gegenüber ganz anders aussehen und die Folgen eines sogenannten Gesichtsverlustes durchaus gravierend sein. Aus diesem Grund sollten wir, wie bereits erwähnt, jegliche Art von persönlichen und vor allem zu indiskreten Themen meiden, um als angenehmer und vor allem auch rücksichtsvoller Gesprächspartner wahrgenommen zu werden.

Der Nörgler - wenn einfach gar nichts zu passen scheint

Es gibt Menschen, die immer gut gelaunt sind, ständig versuchen das Positive in jeder Person zu sehen und es schaffen, aus wirklich jeder Situation das Beste zu machen. Genau solche Personen sind es meistens, in deren Anwesenheit wir uns unglaublich wohlfühlen, mit denen wir gerne Zeit verbringen und das ist auch vollkommen verständlich, denn sie besitzen die tolle Fähigkeit, eine offene und vor allem auch positive Atmosphäre zu schaffen, in der ein tolles Gespräch gelingen kann. Andererseits kann es natürlich unglaublich anstrengend sein, sich mit Personen zu umgeben, die ständig alles kritisch hinterfragen um den Eindruck zu erwecken, dass sie keine Zeit mit unwichtigen Dingen verbringen wollen und auf diese Weise ihr eigenes Selbstwertgefühl stärken. Versetze dich selbst einmal in folgende Situation: du erzählst gerade total begeistert von deinem neuen Auto, dass du dir nach langer Zeit des Sparens nun endlich gegönnt hast und auf das du so richtig stolz bist. Deinem Gegenüber ist das jedoch vollkommen egal und er oder sie ist nur daran interessiert darüber zu sprechen, wie viel schneller das neuere Modell der Serie ist und warum du dich nicht für dieses entschieden hast. Wie kannst du in einer solchen Situation am besten reagieren? Du solltest dir immer vor Augen halten, dass es die meisten Menschen gar nicht erst mitbekommen, dass sie ständig negative Äußerungen tätigen und sich anschließend aber wundern, dass niemand gerne Zeit mit ihnen verbringt. Natürlich hat jeder von uns einmal einen schlechten Tag, an dem wir die Dinge einfach schlechter sehen, als sie sind und wir uns über alles beschweren könnten. Vor allem in Smalltalk Situationen solltest du jedoch darauf achten, eine positive Grundstimmung beibehalten zu können, um den anderen ein gutes Gefühl zu geben und diese einfach davon zu überzeugen, dass er oder sie sich gerne mit dir unterhaltet.

Handelt es sich hingegen um eine Person, die einfach von Natur aus gerne nörgelt und die immer nur das Schlechteste in allem sieht, obwohl es eigentlich doch gar nicht so schlimm für ihn oder sie läuft, musst du dich entscheiden, ob du dich wirklich weiterhin mit dieser unterhalten bzw. du engeren Kontakt möchtest. Ist das nicht der Fall, zieh dich einfach etwas zurück bzw. falls du regelmäßig auf die Person treffen solltest, sorge dafür, dass du euer Gespräche möglichst kurz und auf einer oberflächlichen Ebene hälst.

Der Gerüchteverbreiter – eine Person, bei der Klatsch und Tratsch an erster Stelle steht

Wir alle kennen sie: Menschen, bei denen es augenscheinlich nur darum geht, möglichst schnell neue Gerüchte zu erfahren und diese in die Welt hinauszutragen. Vor diesen Menschen solltest du dich unbedingt in Acht nehmen und keinesfalls selbst zu ihnen gehören, da sie nicht nur als äußerst indiskret und somit unprofessionell gelten, sondern häufig aufgrund falscher Informationen sehr schnell als Lügner enttarnt werden können. Und wer möchte sich schon mit solchen Menschen umgeben?

Dennoch kann es natürlich immer wieder passieren, dass wir beim Smalltalk Dinge ausplaudern, die eigentlich nicht für alle Ohren bestimmt sind und die wir daher besser für uns behalten hätten. Doch warum ist das eigentlich so? Der Grund für dieses Verhalten kann ganz einfach erforscht werden: Wenn uns nämlich eine andere Person achtsam zuhört, fühlen wir uns von der entgegengebrachten Aufmerksamkeit geschmeichelt und wir möchten dieses Gefühl so lange wie möglich erhalten. Die Wertschätzung führt dazu, dass wir innerhalb kürzester Zeit ein enges Vertrauensverhältnis zu der anderen Person aufbauen und uns somit absolut sicher und geborgen fühlen.

Vor allem bei Smalltalk, der im beruflichen Rahmen stattfindet, wirst du immer wieder auf genau solche Gesprächspartner treffen, die auf den ersten Blick absolut sympathisch und ungefährlich wirken, in Wahrheit jedoch gezielt darauf aus sind, vertrauliche Informationen aus dir herauszubekommen und diese anschließend zu ihrem eigenen Vorteil nutzen zu können.

Denke bitte immer daran, du kennst die Person noch nicht wirklich, die dir gerade gegenüber steht und daher solltest du dich unbedingt davor in Acht nehmen, Insiderwissen preiszugeben, dass dir oder auch anderen Personen in deiner Umgebung schaden könnte. Behalte daher die Kontrolle über das Gespräch und ziehe dich aus diesem zurück, wenn es in eine sinnlose Tratscherei abzudriften droht. Auf diese Weise stellst du klar, dass du deine Zeit nicht mit sinnlosen Gerüchten verschwenden willst und du dich lieber auf eine unverfängliche Plauderei einlässt, anstatt andere Personen zu verunglimpfen oder auch firmeninternes Wissen an unbefugte Personen weiterzugeben.

Vor allem unter Alkoholeinfluss kann es jedoch sehr schnell passieren, dass viele Menschen erst so richtig zu plaudern beginnen, wenn sie das ein oder andere Gläschen Wein oder Prosecco getrunken haben. Genau darum solltest du dich beim Alkoholkonsum unbedingt einschränken, wenn du dich auf Firmenfeiern oder privaten Partys befindest, auf denen du nur wenige Menschen kennst und es zu unangenehmen Situationen kommen könnte. Auch wenn es noch so locker und lustig zu sein scheint, wird dein Chef oder ein Arbeitskollege wahrscheinlich nicht zu schnell vergessen, wenn du ihn oder sie auf unangemessene Weise in eine Tratscherei verwickelst und über Themen zu reden beginnst, die absolut nichts außerhalb des Bürogebäudes zu suchen haben.

- KAPITEL NEUNZEHN-

Beruflicher versus privater Smalltalk – der feine, aber in vielen Fällen gar nicht zu kleine Unterschied

Du hast nun schon viel über das Thema Smalltalk gelernt und erfahren, wie du am besten auf dein Gegenüber zugehst, wie du deine Körpersprache richtig einsetzt, deine Ausstrahlung verbesserst und es gelingt, das richtige Thema zu finden. Auf diese Weise wird es dir wahrscheinlich schon jetzt möglich sein, sowohl privat als auch beruflich mit deinen Smalltalkfähigkeiten zu überzeugen und andere Menschen mühelos in ein nettes Gespräch zu verwickeln. Dennoch gibt es gewisse Unterschiede, wenn es darum geht, ob du einen Smalltalk aus rein beruflichen Gründen führst oder du privat eine Person, die dir besonders gut gefällt, von dir überzeugen möchtest. Genau auf dieses Thema wollen wir nun in den nächsten Kapiteln genauer eingehen und du wirst anhand verschiedener konkreter Situationen besser verstehen, wann welches Verhalten als besonders angenehm von deinem Gesprächspartner empfunden wird und wie du es somit am besten schaffst, ihn oder sie sowohl beruflich als auch privat von dir zu begeistern.

Berufliche Smalltalk – Professionalität, Diskretion und Höflichkeit sind deine Visitenkarte

Ein richtig geführter Smalltalk kann dir beruflich zahlreiche Türen öffnen und somit ist es nicht verwunderlich, dass die Fähigkeit, einen gekonnten Smalltalk zu führen mittlerweile als wichtiger Karrierefaktor gehandelt wird und zunehmend eine immer größer werdende Rolle in unserem Berufsleben spielt. Während wir in der Ausbildung die sogenannten Hardskills erlernen, um uns in einem Beruf bewähren zu können und durchzusetzen, gilt bereits bei der Bewerbung eine gewisse Redegewandtheit als wichtiger Softskill, um den Chef von den eigenen Fähigkeiten und vor allem auch Persönlichkeit überzeugen zu können. Dies gilt natürlich auch noch später, wenn es darum geht, mit den Mitarbeitern gut auszukommen, die Karriereleiter nach oben klettern zu können oder auch einfach nur nach einer Kündigung ein besseres Arbeitszeugnis zu erhalten. Zudem wird es dir wahrscheinlich leichter fallen, einen Karrieresprung zu machen oder vielleicht auch einen neuen Job zu finden, wenn du bereits über ein großes berufliches Netzwerk verfügst, auf das du immer wieder zurückgreifen kannst. Der Schlüsselfaktor ist hier natürlich, mit den

Menschen höflich umzugehen und sich als diskreter und vor allem auch sympathischer Gesprächspartner erwiesen zu haben.

Netzwerktreffen für Smalltalkprofis – berufliche Kontakte zu knüpfen war noch nie so leicht

Überall finden mittlerweile sowohl in großen, als auch in kleinen Städten sogenannte Netzwerktreffen oder auch Visitenkartenpartys statt. Das Ziel solcher Veranstaltungen ist es, Menschen, die in einem ähnlichen beruflichen Feld tätig sind, miteinander bekannt zu machen und das Netzwerken somit zu erleichtern. Finden kannst du solche Veranstaltungen häufig über verschiedene Internetportale und nach dem Bezahlen eines kleinen Eintrittsbeitrages bist du schon dabei. In manchen Fällen gibt es auch ein Rahmenprogramm, wie zum Beispiel eine individuelle Vorstellungsrunde, oft geht es jedoch in erster Linie darum, den anwesenden Personen die Möglichkeit zu bieten, miteinander ins Gespräch zu kommen und Smalltalk zu führen. Natürlich ist es gar nicht so leicht, wenn du auf einmal einen Raum betrittst, in dem sich 50 oder sogar 100 Menschen befinden, die alle nur darauf warten, miteinander Kontakt aufzunehmen und eine interessante Unterhaltung zu führen. Während einige sich wahrscheinlich still und leise in die Ecke zurückziehen und das ganze erst mal aus der Ferne beobachten, verfügst du mittlerweile über genug Wissen zum Thema Smalltalk, um dich in solchen Situationen vollkommen selbstverständlich und selbstbewusst auf andere zu zubewegen. Nütze die Zeit, die dir bei solchen Netzwerktreffen zur Verfügung steht, um dich mit interessanten Menschen zu unterhalten und vielleicht sogar den einen oder anderen Kontakt zu knüpfen, der dir zukünftig beruflich weiterhelfen kann. Finde zu diesem Zweck zunächst einmal heraus, was der andere macht und schon wirkst du merken, ob du die Konversation nur ein paar Minuten aufrechterhältst, um Höflichkeit zu demonstrieren oder den anderen wirklich interessant findest und das Gespräch vertiefen willst.

Smalltalk auf beruflichen Events – hier gilt es zu glänzen

Wirst du auf ein Firmenevent oder eine ähnliche berufliche Veranstaltung eingeladen, so ist dein primäres Ziel höchstwahrscheinlich dich von deiner besten Seite zeigen zu können und einen guten Eindruck zu hinterlassen. Wie du dies anhand von deiner Körpersprache, der beruflichen Etikette aber natürlich auch der richtigen Kleiderwahl machst, haben wir bereits erfahren. Diese Chance solltest du aber natürlich auch unbedingt nutzen, um mit deinen Smalltalkfähigkeiten zu glänzen und vielleicht deinen Mitarbeiter oder auch eine andere Person davon zu überzeugen, was für ein netter und kompetenter Mensch du bist. Vielleicht gibt es aber auch eine bestimmte Person, die zum Beispiel schon lange in einer Abteilung tätig ist, für die du dich sehr interessierst und mit der du unbedingt ins Gespräch kommen willst. Auch zu diesem Zweck sind berufliche Events perfekt geeignet und du kannst nach der richtigen Einleitung dank deiner Smalltalkfähigkeiten das Gespräch genau in die Richtung lenken, in die du gerne möchtest. Wirklich spannend wird es in vielen Fällen jedoch erst dann, wenn es darum geht, dich mit deinem Vorgesetzten zu unterhalten.

Smalltalk mit dem Chef – die wohl größte Herausforderung auf dem zwischenmenschlichen beruflichen Parkett

Eine nette Plauderei mit dem eigenen Chef zu führen ist in vielen Fällen ein äußerst heikles Thema. Das ist vor allem dann der Fall, wenn ein eindeutiges Autoritätsverhältnis zwischen den beiden Parteien besteht und sich der Vorgesetzte nicht gerade durch ein wohlwollendes und sympathisches Verhalten auszeichnet. Vielleicht geht es dir ja sogar so, dass du etwas Angst vor deinem Chef hast und daher absolut kein lockerer Umgang miteinander möglich ist. Nun steht jedoch zum Beispiel eine Dienstreise an und du weißt, dass du im Flugzeug einige Stunden neben deinem Vorgesetzten verbringen wirst, in denen du dich natürlich auch mit ihm unterhalten möchtest bzw. musst.

Damit dir eine solche Situation keine allzu negativen bzw. belasteten Empfindungen beschert, solltest du zunächst deine Gefühle analysieren und herausfinden, welcher Gedanke es genau ist, der dich so stresst. Stelle dir daher folgende Fragen:

• Hast du Angst davor, dich zu blamieren oder vielleicht sogar einen negativen Eindruck zu hinterlassen?

• Bereitet es dir Sorge vielleicht nicht zu wissen, worüber du mit deinem Chef sprechen kannst und hast du Angst davor, dass ihr beide statt nett zu plaudern dann einfach nur schweigt?

• Scheint dir der gesellschaftliche bzw. auch berufliche Abstand zwischen euch beiden zu groß, um euch einfach nett miteinander unterhalten zu können?

Wahrscheinlich kannst zumindest eine der Fragen oder vielleicht sogar mehrere eindeutig mit Ja beantworten und daher besser verstehen, woher deine Angst vor den Smalltalk mit dem Chef genau kommt. Nun solltest du dir unbedingt vor Augen halten, dass die Situation jedoch auch einige tolle Vorteile mit sich bringt, die du nun geschickt nutzen kannst:

•Du hast endlich einmal Zeit, deinen Chef besser kennenzulernen und vielleicht auch einige private Sachen von ihm oder ihr zu erfahren, die zukünftig dafür sorgen werden, dass ihr euch besser miteinander unterhalten könnt.

• Es ist möglich die Zeit zu nutzen, um dienstliche Themen näher zu besprechen und vielleicht endlich Fragen zu stellen, die dir schon lange auf der Seele brennen.

• Dank deiner ausgefeilten Smalltalkfähigkeiten, die du mittlerweile erlernt hast, kannst du nun mit diesen glänzen und deinen Vorgesetzten davon überzeugen, dass du sowohl mit Kunden als auch mit anderen Geschäftsleuten auf äußerst professionelle und sympathische Art und Weise kommunizieren kannst.

So gelingt der Smalltalk mit dem Chef

Konntest du deine Ängste analysieren und dir verdeutlichen, warum die Smalltalk Möglichkeit mit deinem Chef dennoch eine tolle Chance ist, dann solltest du dich zunächst gewissenhaft auf das Gespräch vorbereiten und vielleicht überlegen, welche Ziele du währenddessen verfolgen kannst bzw. wie du die Gelegenheit am besten nutzt. Des Weiteren solltest du dringend darauf achten, deinem Chef am Beginn der Unterhaltung die Führung zu überlassen, sodass er oder sie das Thema wählen kann. Starte das Gespräch nur dann, wenn absolut nichts von der Gegenseite kommt und du daher die Initiative ergreifen willst.

Des Weiteren solltest du so geradlinig und nicht zu ausschweifend auf die Fragen deines Gegenübers antworten. Befindet sich das Gespräch auf einer privaten Ebene und dein Gegenüber will etwas über deine Urlaubsinteressen oder Hobbys herausfinden, nutze diese Chance unbedingt, um Gemeinsamkeiten zu finden und somit vielleicht ein Gesprächsthema zu haben, dass euch auch in Zukunft verbinden wird. Zeige dich als Mensch, der zu seinen Meinungen steht, die Standpunkte jedoch mit guten Argumenten untermauern kann, ohne dabei belehrend oder auch besserwisserisch zu wirken. Sollte der absolute Notfall eintreten und das Gespräch gar nicht in Fahrt kommen, beende dieses höflich, indem du zum Beispiel darauf hinweist, dass du nun noch die Unterlagen für das Meeting durchgehen willst, um bestens vorbereitet zu sein. Schon hast du dich höflich aus der Affäre gezogen und dich gleichzeitig als gewissenhafter Mitarbeiter präsentiert.

Typische Smalltalk Situationen im Berufsalltag – so meisterst du sie als echter Smalltalkprofi

Mit dem vielen Wissen, dass du zum Thema Smalltalk bereits angesammelt hast wirst du schon bald von deinen Kollegen beneidet werden, da du einfach immer die richtigen Worte findest und somit bei allen beliebt bist. Dabei kommt es vor allem auf die alltäglichen beruflichen Situationen an, in denen es mit Wissen und Sympathie zu punkten gilt wie zum Beispiel morgens, wenn du gerade auf dem Weg zur Arbeit bist und du zufällig einen Kollegen triffst. Oder du in der Kantine ausgerechnet nur mehr an einem Tisch Platz findest, an dem sich bereits Mitarbeiter befinden, mit denen du dich bis jetzt noch gar nicht wirklich unterhalten hast. Wichtig ist hierbei wie wir nun bereits wissen, dich keinesfalls unter Druck zu setzen und möglichst selbstbewusst und offen auf die anderen zuzugehen. Einige dieser Situationen wollen wir uns nun aber noch genauer ansehen und dir konkrete Beispiele bieten, was du sagen kannst, um den anderen nett und dennoch nicht zu forsch in ein Gespräch zu verwickeln.

Auf dem Parkplatz/der Bushaltestelle oder dem Bahnhof:
Solltest du auf dem Weg zu deinem Auto zufällig auf einen Kollegen treffen, liegt das perfekte Gesprächsthema eigentlich bereits vor dir, nämlich Autos. Vielleicht fällt dir ja gerade ein besonders tolles Exemplar ins Auge und ihr unterhaltet euch einfach darüber. Fährst du hingegen jeden Tag öffentlich zu deiner Arbeit und triffst dabei vielleicht immer wieder auf den gleichen Kollegen, werdet ihr euch wahrscheinlich nicht jeden Tag angeregt unterhalten, von Zeit zu Zeit kann es jedoch ganz nett sein, etwas miteinander zu plaudern und euch zum Beispiel darüber zu unterhalten, wie voll oder leer der Bus doch immer ist bzw. wie pünktlich dieser in letzter Zeit kommt.

Im Aufzug:
Man kann kaum glauben, wie lange die Fahrt mit einem Aufzug in den zehnten Stock dauern kann, bis man mit seinem Vorgesetzten im Aufzug steht oder auch einer anderen Person, die einem vielleicht nicht allzu sympathisch ist. Während du mit dem Chef ein unverfängliches Thema wie zum Beispiel das Wetter wählen solltest, kannst du bei einem Kollegen, den du immer wieder im Aufzug begegnest, durchaus etwas persönlicher werden und unter anderem fragen, in welcher Abteilung er oder sie tätig ist.

Auf dem Flur oder im Kopierraum:
Im beruflichen Alltag werden dir sehr oft Situationen begegnen, in denen es besonders leicht erscheint, mit den Kollegen ins Gespräch zu kommen und einfach so dahin zu plaudern. Wie wäre es zum Beispiel mit einem naheliegenden Thema, wie eurem gemeinsamen beruflichen Alltag. Frage dein Gegenüber doch einfach, ob der Tag bis jetzt gut gelaufen oder es gerade etwas stressig ist.

Beim gemeinsamen Essen:
Wie wir bereits wissen, handelt es sich bei dem Thema Essen um eines der unverfänglichen und einfachsten, um ein Gespräch zu beginnen. Frage den andern doch einfach, wie sein Essen schmeckt bzw. ob er oder sie etwas besonders empfehlen kann. Achte hierbei jedoch darauf, dich keinesfalls kritisch zu äußern, da dich der andere anson-

sten als einen unangenehmen Nörgler wahrnehmen könnte, der sich nur immer über alles beschweren möchte. Auch der neue Italiener, der um die Ecke aufgemacht hat und von allen so gelobt wird, kann ein tolles Gesprächsthema in der Kantine sein.

Auf der gemeinsamen Firmenfeier:
Ein berufliches Event ist meist bestens dafür geeignet, um mit den anderen auch privat ins Gespräch zu kommen und sich über Lieblingsbücher, Hobbys oder auch die letzte Urlaubsreise zu unterhalten. Um den Smalltalk zu starten, solltest du aber doch auf ein etwas unpersönlicheres Thema zurückzugreifen wie zum Beispiel die großen Erfolge, die das Unternehmen in letzter Zeit feiern konnte. Sollte dies als Thema nicht infrage kommen, äußere dich doch einfach positiv zu dem tollen Essen, der Musik oder ähnlichem. Lästereien jeglicher Art über Vorgesetzte oder auch andere Mitarbeiter sind hingegen unbedingt und unter allen Umständen zu vermeiden.

Smalltalk mit Kunden – ein zweischneidiges Schwert

Möchtest du einem Kunden etwas verkaufen, ihm einen Vertrag näherbringen oder Ähnliches so wirst du dies kaum tun können, ohne anfangs ein paar nette und unverfängliche Worte mit ihm oder ihr zu wechseln. Hierbei handelt es sich jedoch um ein besonders heikles Thema, da dein Gegenüber natürlich in den meisten Fällen ganz genau wissen wird, was du von ihm willst bzw. mit dem Gespräch bezweckst und dir gegenüber somit höchstwahrscheinlich eher kritisch auftritt bzw. vorsichtig ist. Solltest du in deinem Arbeitsalltag regelmäßig mit Kunden zu tun haben, wirst du früher oder später lernen, wie du am besten auf diese zugehst und dafür sorgst, dass sie sich wohl in deiner Nähe fühlen. Was kannst du jedoch machen, wenn du bereits am Anfang spürst, dass die Chemie zwischen euch beiden absolut nicht passt und du nicht das Gefühl hast, dass ein netter, lockerer Plausch überhaupt ansatzweise möglich ist? In diesem Fall solltest du dich immer darauf besinnen, dass der erste Eindruck zwar sehr wichtig ist, es dir mit den richtigen Tipps und Tricks aber dennoch gelingen kann, das Eis zu brechen und deinen Kunden somit für dich zu begeistern. Damit das auch wirklich klappt ist es wichtig, zunächst dein Gegenüber dazu zu bringen, etwas von sich preiszugeben, um das Gespräch auf eine persönlichere Ebene zu lenken. Dabei spielt es keine Rolle, was der andere bzw. die andere erzählt, zeig dich einfach interessiert und frage genauer nach. Selbst solltest du natürlich dringend darauf achten, keine Tabuthemen anzusprechen oder auch heikle Informationen preiszugeben, nur um den anderen von dir und deiner Kompetenz zu überzeugen. Konntest du die erste Hürde des Gesprächseinstiegs erst mal meistern, wird es Zeit konkret zu werden. Spreche einfach direkt an, worum es eigentlich geht und dein Kunde wird froh darüber sein, dass du ihm ehrlich und authentisch gegenübertrittst.

- KAPITEL ZWANZIG -

Smalltalk in der Freizeit – nur auf den ersten Blick eine einfache Sache

MÖCHTEST DU IN DEINER Freizeit nett mit deinem Nachbarn plaudern, dich ein bisschen mit der Mutter unterhalten, die ihr Kind immer gleichzeitig mit dir zum Kindergarten bringt oder auch beim Kaufladen um die Ecke etwas mit der Kassiererin tratschen, so wirst du vielleicht zunächst denken, dass hierbei doch gar nicht viel schiefgehen kann und selbst wenn es so ist, wird es nicht weiter schlimm sein. Wie wir jedoch bereits wissen, sind wir Menschen Lebewesen, die die Gesellschaft anderer Menschen einfach brauchen und daher ist es in vielen Fällen auch wichtig, im privaten Bereich mit den eigenen Smalltalkfähigkeiten zu glänzen. Man weiß nie, wann man vielleicht einmal die Hilfe seines Nachbarn benötigt und in diesen Fällen ist es definitiv ein großer Vorteil, wenn ihr euch bereits mehrmals nett miteinander unterhalten habt. Oder du möchtest einfach neue Freundschaften schließen, um dir ein gutes soziales Netzwerk aufzubauen und mehr interessante Menschen in deinem Leben zu haben, mit denen du von Zeit zu Zeit auch mal etwas unternehmen kannst. Auch in diesem Fall wird dein Wissen über das Thema Smalltalk maßgeblich dazu beitragen, ob du diese Ziele schlussendlich in die Tat umsetzen können wirst oder nicht. Vor allem solltest du aber keine privaten Einladungen nur aus dem Grund auslassen, weil du Angst hast, dich mit dir wenig bekannten Personen zu unterhalten und stattdessen lieber zu Hause bleiben. Wie du bei solchen Events am besten vorgehst und welche Fettnäpfchen dabei unbedingt gemieden werden sollten, erfährst du nun.

Auf der Grillparty bei den Nachbarn

Bist du auf ein privates Fest eingeladen, wo du bereits weißt, dass du auf zahlreiche Personen treffen wirst, die du eher oberflächlich kennst und das obwohl sie vielleicht in deiner Nähe wohnen, ist es wichtig von Anfang an darauf zu achten, keine Tabuthemen anzuschneiden. Diskussionen zum Thema Politik oder auch Religion auszulösen kann einen schönen Abend nämlich im Handumdrehen in einen Streit enden lassen. Konzentriere dich vielmehr auf Themen, über die wir bereits gesprochen haben wie zum Beispiel deinen letzten Urlaub, deinen Job oder auch die lieben, kleinen Macken deiner Familie. Kritische Themen jeglicher Art sind hierbei vollkommen auszusparen und auch negative Äußerungen über andere Nachbarn bzw. gemeinsame Bekannte sind unbedingt zu unterlassen. Es kann immer wieder passieren, dass du bei solchen Veranstaltungen auf Menschen triffst, die sich im Laufe der Zeit zu echten Freunden entwickeln. Dies wird natürlich nur dann möglich sein, wenn ihr irgendwann beginnt, euch auch über tiefergehende Themen zu unterhalten und euch über diese auszutauschen. Bis dahin solltest du jedoch versuchen, den anderen thematisch dort abzuholen, wo er oder sie sich ebenfalls wohlfühlt, um auf diese Weise einen angenehmen Smalltalk führen zu können.

Smalltalk in öffentlichen Verkehrsmitteln

Gehörst auch du zu den Menschen, die bereits seit vielen Jahren regelmäßig mit öffentlichen Verkehrsmitteln wie der Bahn, dem Bus oder auch dem Flugzeug unterwegs sind, dann wird dir wahrscheinlich aufgefallen sein, dass sich das Verhalten der Menschen in solchen öffentlichen Situationen in den letzten Jahren stark verändert hat. Immer mehr Personen scheinen sich nur auf ihr Smartphone oder auch ihren Laptop zu konzentrieren, anstatt die Chance zu nutzen, um andere Menschen kennenzulernen oder sich einfach nett auszutauschen. Dennoch trifft man immer wieder auf gesprächsbereite Personen, die nur darauf warten, dass man ihnen offen begegnet und somit ein anregender Plausch zustande kommt. Der Vorteil eines solchen kann ganz deutlich darin gesehen werden, dass zum einen die Zeit viel schneller vergeht und man zum anderen vielleicht sogar eine nette, neue Bekanntschaft schließt. Solltest du also gerade in der Stimmung für einen Smalltalk sein, scheue dich keinesfalls davor, einfach direkt die Gelegenheit zu ergreifen und lasse dich auf diese spannende Situation ein. Wie du eine solche Unterhaltung genau beginnst, ist eigentlich vollkommen deine Sache, zunächst ist es jedoch empfehlenswert, mit dem Mitreisenden, mit welchem du dich gerne unterhalten möchtest, Augenkontakt herzustellen. Häufig kannst du bereits am Blick erkennen, ob die oder der andere sich gerne mit dir unterhalten will oder doch zum Beispiel gerade vollkommen in einer spannenden Lektüre vertieft ist. Ist dies der Fall, musst du dich nach einem anderen Gesprächspartner umschauen, da du deinen Mitreisenden ja keinesfalls stören möchtest.

Wurde der erste Augenkontakt erfolgreich hergestellt und hast du das Gefühl, dass die von dir gewählte Person sich ebenfalls über eine

Kontaktaufnahme freuen würde, beginne mit einem ersten Satz, der so unverbindlich wie möglich ist. Wähle dabei ein Thema, dass euch beide in der jeweiligen Sekunde gerade verbindet, wie zum Beispiel die lange Zugreise oder auch die Tatsache, dass der Bus heute eine besonders lange Verspätung hatte.

Wie wir bereits wissen, kommt es in den meisten Fällen weniger auf das an, was man sagt, sondern vor allem wie man es sagt. Taste dich langsam vor, versuche verschiedene Themen und achte besonders darauf, wie dein Gesprächspartner auf diese reagiert. So wirst du schneller herausfinden, mit welchen Themen du bei ihm offene Türen einrennst und welche eher dazu führen könnten, dass er oder sie gar keine Lust mehr auf euer Gespräch hat.

Wenn aus einem Smalltalk mehr werden soll – so beginnst du einen Flirt

Ein besonders spannender Smalltalk Bereich ist jener, bei dem es häufig ans Eingemachte geht, nämlich das Flirten und Daten. Auch hier gibt es scheinbar Menschen, die einfach mit jeder Person ins Gespräch kommen können und dabei immer das passende Gesprächsthema zur Hand haben. Mit ihrem unverfälschten Charisma verzaubern sie ihr Gegenüber und können sich vor Dateeinladungen und zugesteckten Telefonnummern kaum retten. Das heißt jedoch noch lange nicht, dass solche Menschen auch wirklich Erfolg beim anderen Geschlecht haben, vielmehr beherrschen sie die Kunst eines gekonnten Smalltalks und diese kannst natürlich auch du erlernen, wie wir nun bereits wissen. Wir haben die wichtigsten Tipps für dich zusammengefasst, mit denen du jede Person in ein nettes Gespräch verwickeln kannst und du ganz einfach beim Flirten überzeugst.

Gegenüber dir steht eine Person, die dir gefällt. So sprichst du sie an

Stelle dir folgende Situation vor: du befindest dich auf der Party eines Freundes und plötzlich betritt eine Frau/ein Mann das Fest, von der/von dem du auf der Stelle begeistert bist. Es ist selbstverständlich, dass du in einer solchen oder ähnlichen Situation zunächst nervös re-

agierst und gar nicht weißt, wie du sie oder ihn am besten ansprichst. Daher ist es umso wichtiger, dich nun auf dein bereits vorhandenes Wissen zum Thema Smalltalk zu besinnen und diese erlernten Fähigkeiten einzusetzen, damit dein Gegenüber keinesfalls merkt, wie nervös du in Wahrheit gerade bist. Rufe dir zu diesem Zweck auch noch die Übungen ins Gedächtnis, die du bereits kennengelernt hast, um ein eine positivere Körpersprache zu erhalten und Selbstsicherheit auszustrahlen. Wenn du es schaffst, mit entspannter Lockerheit zu glänzen, wird dein Gegenüber sich bestimmt gerne auf ein Gespräch mit dir einlassen und man weiß nie, was sich aus einer ersten netten Plauderei ergeben kann. Bist du hingegen allzu nervös und unsicher, wirkt dies in nahezu allen Fällen äußerst unattraktiv, unerfahren und vor allem auch sehr unsicher.
Solltest du deinen ganzen Mut zusammen genommen haben, um die andere Person endlich anzusprechen oder befindet ihr euch vielleicht bereits auf einem erstem Date und du möchtest das Eis mit einer netten Plauderei eröffnen, solltest du dir erneut darüber im Klaren sein, dass es gar nicht so wichtig ist, was du sagen wirst, sondern vielmehr, dass du überhaupt etwas sagst und euer Gespräch in Gang kommt. Im Laufe der Zeit wird sich nämlich so ganz bestimmt auch deine Nervosität etwas legen. Ein weiterer Trick hierbei kann es sein daran zu denken, dass es deinem Date bzw. deinem Gegenüber aktuell wahrscheinlich ganz ähnlich geht wie dir selbst und vielleicht auch er bzw. sie ebenfalls sehr nervös vor eurem ersten Gespräch bzw. Aufeinandertreffen war. Als Gesprächseinstieg eignen sich in den meisten Fällen leichte, belanglose Floskeln, die das Gespräch nicht sofort auf eine zu persönliche Ebene lenken, sondern dafür sorgen, dass ihr einfach einmal zu reden beginnt und keine peinliche Stille vorherrscht. Gehe dabei am besten auf die Situation ein und frage zum Beispiel, ob der Weg zum Treffpunkt für dein Gegenüber kompliziert war oder nicht. Eine andere geeignete Frage kann es sein, ob er oder sie denn die Location ebenfalls so schön findet, dass Essen auch so gut schmeckt oder bereits der Cocktail versucht wurde, der gerade auf der Party serviert wird. Sollten dir all diese Fragen zu belanglos vorkommen und du möchtest einen ehrlichen und offenen Gesprächseinstieg schaffen, ist es bei einem erstem Date auch durchaus möglich einfach zu sagen, dass du dich unglaublich über das Treffen freust, du jedoch etwas nervös bist. Aufgrund deiner offenen und ehrlichen Art wird sich dein Gesprächspartner höchstwahrscheinlich geschmeichelt

fühlen, da du ja seinetwegen bzw. ihretwegen aufgeregt bist.

Geeignete Gesprächsthemen fürs erste Date – so machst du es richtig

Während ein Smalltalk im Alltag meist vor allem darauf abzielt, sich einfach ein bisschen nett miteinander zu unterhalten und sich im besten Falle über gemeinsame Interessen auszutauschen, wird dies anders aussehen, wenn dir eine Person gegenübersteht, die dir wirklich gefällt und an der man vielleicht schon länger ernsthaftes Interesse hat. Sollte dies der Fall sein, versuche die andere Person dazu zu bringen, etwas über sich selbst zu erzählen, da du auf diese Weise dafür sorgen kannst, dass dein Gegenüber dich als interessierten, offenen und vor allem auch aufmerksamen Gesprächspartner wahrnimmt, was für viele eine besonders entscheidende Eigenschaft für einen zukünftigen Partner ist.

Dennoch solltest du probieren, das Gespräch immer in eine positive Richtung zu lenken, um zu bewirken, dass sich die andere Person gerne mit dir austauscht bzw. deine Anwesenheit vielleicht mit tollen Ereignissen aus der eigenen Vergangenheit in Verbindung gebracht wird. Hierbei handelt es sich um einen guten Trick, den so mancher Flirtprofi gerne anwendet. Frage ihn oder sie zum Beispiel, was das schönste Urlaubserlebnis war, dass er bzw. sie je hatte. Schnell wird dein Gegenüber damit beginnen, in wunderschönen Erinnerungen zu schwelgen und diese unbewusst mit dir verknüpfen, da du ja gerade der Gesprächspartner bist, der nach diesen gefragt hat. Ansonsten ist es empfehlenswert, auf leicht zu verarbeitende Themen zurückzugreifen und Politik, Religion oder auch allzu persönliche Themen wie Probleme im Alltag oder Krankheiten zu umgehen, um ein möglichst angenehmes Gesprächsklima zu schaffen. Beim Daten gibt es jedoch vor allem ein Thema, dass es unbedingt beim ersten Smalltalk auszusparen gilt, wenn du vorhast, als angenehmer und toller Gesprächspartner wahrgenommen zu werden.

Das absolute Tabuthema beim Kennenlernen – der oder die Ex

Du kannst eine andere Person bei einem Flirt wahrscheinlich mit keinem Thema schneller in die Flucht schlagen, als einer ehemaligen Liebschaft von dir. Wenn du damit beginnst, von einer Ex-Beziehung zu erzählen spielt es nämlich keine Rolle, ob du diese in guter Erinnerung hast oder ihr euch im Streit getrennt habt. Solltest du allzu überschwänglich über deine Ex bzw. deinen Ex sprechen, wird sich dein Gegenüber denken, dass du in Wahrheit noch immer in sie oder ihn verliebt bist. Beginnst du hingegen die vielen negativen Seiten des anderen aufzuzählen, macht es den Eindruck als hättest du die Beziehung entweder noch immer nicht verarbeitet oder du einfach eine Person bist, die sich gerne über alles aufregt und vielleicht auch genau das der Grund sein könnte, warum die Beziehung schlussendlich gescheitert ist. Bereits beim ersten Kennenlernen schlecht über eine andere Person zu sprechen zeigt zudem, dass du nicht gerade vertrauenswürdig und diskret sein kannst. Klammere daher das Thema Ex-Beziehung unter allen Umständen aus und warte am besten darauf, bis dich dein Gegenüber auf dieses Thema anspricht.

Greife stattdessen lieber auf unverfängliche positive Themen zurück, wie zum Beispiel Hobbys, Kinofilme, Bücher oder auch Lieblingsserien. Möchtest du nach einer gewissen Zeit das Gesprächsthema auf eine etwas intimere Ebene bringen, können auch Zukunftsträume oder witzige Erlebnisse geteilt werden, um einander besser kennenzulernen und abschätzen zu können, ob vielleicht ein zweites Treffen infrage kommt. Achte allerdings darauf, dein Gegenüber nicht zu sehr zum Grübeln zu bringen und an schmerzhafte bzw. deprimierende Ereignisse zu erinnern. Das Aufeinandertreffen zwischen zwei potentiellen neuen Partnern sollte im besten Fall so ablaufen, dass man das Gefühl hat, dem grauen Alltag gemeinsam entfliehen zu können und sich auf eine völlig neue abenteuerliche Reise einzulassen.

- KAPITEL EINUNDZWANZIG -

Smalltalk-Fragen, die dich beim Flirten weiterbringen

NATÜRLICH KANNST DU THEORETISCH alles fragen, was dich interessiert. Wie wir jedoch bereits wissen ist es ein absoluter Fehler beim Smalltalk nur über sich selbst zu reden und den anderen vielleicht gar nicht richtig zu Wort kommen zu lassen. Vor allem, wenn du an der Person dir gegenüber ernsthaft interessiert bist sollte das Gespräch doch dazu führen, dass du sie oder ihn besser kennenlernst. Bringe den anderen daher lieber mit offenen Fragen dazu, etwas mehr von sich selbst preiszugeben und auf diese Weise auch herauszufinden, ob ihr beide eigentlich zusammenpasst und zum Beispiel den gleichen Humor teilt. Natürlich ist es wichtig hierbei auch Fragen zu stellen, die Themen betreffen, die dir wirklich wichtig sind und die dir dabei helfen werden einzuschätzen, ob eine gemeinsame Zukunft möglich ist oder nicht. Reist du zum Beispiel sehr gerne in exotische Länder und kannst dir überhaupt nicht vorstellen mit jemanden zusammen zu sein, der immer nur zu Hause sitzt und am liebsten den ganzen Tag Computer spielt, so solltest du diesen Themenbereich so schnell wie möglich ansprechen, da es zum einen sehr unverfänglich ist und zum anderen bereits viel darüber aussagt, wie du in einer Beziehung tickst. Oder bist du zum Beispiel wahnsinnig interessiert an Filmen und Serien und möchtest im Idealfall einen Partner haben, der diese Leidenschaft teilt, so solltest du ruhig auch dieses Thema ansprechen und dabei möglichst offene Fragen stellen, um die andere Person kennenlernen zu können.

Mach jedoch nicht den Fehler, und denke, dass ihr keine gemeinsame Zukunft habt, weil ihr vielleicht in manchen Dingen etwas unterschiedlicher Ansicht seid. Beim Smalltalk geht es noch immer darum, sich zunächst aneinander heranzutasten und herauszufinden, ob ihr euch wirklich sympathisch seid. Dann kann es ja durchaus sein, dass ihr in Zukunft auch das ein oder andere Hobby miteinander teilen werdet.

Scheue dich auch keinesfalls davor, ruhig einmal die ein oder andere verrückte bzw. kreativere Frage zu stellen, die unter Beweis stellen wird, dass du durchaus Humor hast. Das solltest du allerdings nur dann tun, wenn du dich damit wirklich wohlfühlst, da du sonst höchstwahrscheinlich nicht mehr authentisch wirken könntest und der andere merkt, dass du dich zu sehr bemühst, um ihm oder ihr zu gefallen.

Wenn der Smalltalk beim Flirt plötzlich zu einem Interview verkommt

Beim ersten Aufeinandertreffen mit einer Person, die uns besonders gut gefällt bzw. mit der wir gerade unser erstes Date haben kann es leicht passieren, dass wir uns allzu sehr auf das Fragestellen konzentrieren und das Gespräch schnell einen Interviewcharakter bekommt. Dies könnte zum Beispiel so aussehen:
Du: „Reist du gerne?"
Die/der andere: „ja, sehr gerne."
Du: „Wohin reist du gerne?"
Die/der andere: „In südliche Länder."
Du: „Und machst du gerne Sport?"
...

Du siehst, ein solches Gespräch hat fast gar nichts mehr mit einer richtigen Unterhaltung zu tun sondern erinnert vielmehr an ein Jobinterview, bei der sich der andere von seiner besten Seite zeigen muss, um dich zu überzeugen. Der elegantere und auch geschicktere Weg wäre es, eine Frage zu stellen, den anderen darauf antworten zu lassen und anschließend selbst die gleiche Frage zu beantworten. Auf diese Weise wird es dir am ehesten gelingen, dass ein gemeinsames Gespräch zustande kommt, indem ihr euch beide wohlfühlt und wahrgenommen werdet. Schließlich geht es bei eurem Treffen ja nicht nur darum, dass die andere Person dich von sich überzeugt, du möchtest ja auch einen möglichst guten Eindruck erwecken und dich als aufmerksamer und vor allem auch interessanter Gesprächspartner zeigen.

Wichtig ist hierbei natürlich vor allem auch, auf das einzugehen, was der Gegenüber dir gerade erzählt hat und etwas dazu beizusteuern. Nur so wirst du es schaffen, dass der andere gerne bereit ist, sich mehr und mehr zu öffnen und das Gespräch früher oder später auf eine tiefere Ebene gelenkt werden kann. Auf dieses Weise sorgst du dafür, dass ihr euch immer besser kennenlernt und auch ein Vertrauensverhältnis aufgebaut werden kann, wodurch ihr nach einiger Zeit keine fremden füreinander mehr seid und der Grundstein für ein nächstes Date bereits gelegt ist.

Es muss nicht immer improvisiert sein

Wie wir nun bereits wissen, ist die Fähigkeit sich geschickt und schnell auf den anderen Gesprächspartner einzustellen eine der wichtigsten die man benötigt, wenn man erfolgreich Smalltalk führen möchte und das ist natürlich auch dann der Fall, wenn dieser auf privaten Gefilden stattfindet. Es ist jedoch keinesfalls notwendig, ausschließlich zu improvisieren und das vor allem dann nicht, wenn dir gerade eine besonders attraktive Person gegenüber steht bzw. sitzt, die du gerne näher kennenlernen möchtest. Lege dir zu diesem Zweck am besten immer ein paar Themen oder auch Fragen parat, die zum Einsatz kommen können, wenn du mit jemanden smalltalkst, bei dem du dir auch mehr vorstellen kannst. Es sollte sich hier am besten und Themen handeln, zu denen du auch selbst einiges beitragen kannst, die jedoch nicht so speziell sind, dass es eher unwahrscheinlich ist, dass sie auch viele andere Menschen interessieren könnten.

Sollte das Gespräch ins Stocken geraten oder du das Gefühl haben, dich bis jetzt nicht als die Person präsentiert zu haben, die du eigentlich bist, gibt es einen weiteren Trick, der dir beim Smalltalk mit einer attraktiven Person weiterhelfen kann: leg dir einfach ein, zwei interessante Geschichten zurecht, die in deinem Leben wirklich so passiert sind und die du nun zum Besten geben kannst. Diese können durchaus lustig, spannend oder auch einfach nur interessant sein. Auch wenn es bereits länger her ist, dass dir die eine oder andere Geschichte passiert ist, muss das der andere nicht unbedingt wissen. Sag einfach: „vor einiger Zeit...“. Was du jedoch keinesfalls machen solltest, ist dir eine Geschichte auszudenken, die überhaupt nicht so oder auch nur annähernd ähnlich passiert ist. Damit würdest du immer das Risiko eingehen, dass die andere Person vielleicht draufkommt und du schlussendlich als Lügner dastehst oder du einfach beim Erzählen der Geschichte bereits nicht authentisch wirkst, wodurch sich dein Gegenüber nicht mehr sicher ist, ob er oder sie dich wirklich so sympathisch findet, wie am Anfang gedacht.

Der Einstieg ist geschafft? So hältst du das Gespräch am Laufen

Möchten sich zwei Menschen kennenlernen, unterhalten sie sich zumeist zunächst über die ganz typischen Themen wie zum Beispiel Hobbys, Berufe und ihre Lieblingsurlaubsziele in letzter Zeit. Wahrscheinlich hast du dir sogar zu solchen Smalltalk Zwecken mittlerweile ein paar Themen zurechtgelegt, auf die du jederzeit zurückgreifen kannst und die dir dabei helfen werden, die andere Person besser kennenzulernen. Dennoch wird es dir vielleicht nach einigen Minuten immer wieder passieren, dass der Einstieg zwar toll geklappt hat und ihr auch bereits die ersten Fragen des jeweils anderen beantwortet habt, das Gespräch nun aber ins Stocken gerät und du einfach nicht mehr weißt, was du noch sagen könntest, obwohl du doch eigentlich sehr an der anderen Person interessiert bist und dich am liebsten noch länger mit dieser unterhalten willst.

Denke in diesem Fall bitte immer daran, dass du zwar sehr viel über Smalltalk lernen kannst und mittlerweile auch bereits weißt, es handelt sich hierbei jedoch um keine exakte Wissenschaft, mit der du ein Gespräch von Anfang bis zum Ende durchplanen kannst. Versuche daher immer möglichst spontan auf die jeweilige Situation zu reagieren, beobachte deine Umgebung und setze dich selbst nicht allzu sehr unter Druck, wenn einmal die ein oder andere Redepause zwischendurch passieren sollte.

Zudem gibt es zwei einfache Techniken, die dir dabei helfen können, ein Gespräch weiterhin am Laufen zu halten und somit dafür zu sorgen, dass ihr interessante Seiten an dem jeweils anderen entdecken könnt, die euch neugierig machen und dafür sorgen werden, dass ihr euch in nächster Zukunft gerne noch einmal sehen wollt.

Tipp 1.: Bilde Assoziationsketten

Kennst du das Gefühl, wenn du dich mit einem Kumpel oder einer guten Freundin unterhältst und ihr anscheinend stundenlang quatschen könnt, ohne dass auch nur eine kurze Redepause entsteht? Führst du mit einer dir noch fremden Person Smalltalk wirst du dich

vielleicht fragen, wie das genau funktionieren kann, doch hierfür gibt es ein ganz einfaches Geheimnis und dieses nennt sich Assoziationsketten. Sprichst du mit einer Person, die dir vertraut, wird das eine Thema immer zum nächsten führen und jedes weitere Thema Ausgangspunkt für viele weitere darstellen. Auch bei einem Smalltalk mit einer Person, für du dich näher interessierst kann dies funktionieren und zum Beispiel folgendermaßen ausschauen:
Die Person, für die sich interessierst verrät dir, dass sie sehr gerne Rockmusik hört. Solltest du selbst ebenfalls gerne Rockmusik hören könnt ihr euch nun über eure Lieblingsbands unterhalten. Oder spielst du vielleicht ein Instrument? Dann könnte dies euer nächstes Thema sein. Anschließend könnt ihr euch über weitere Hobbys unterhalten.

Sei einfach kreativ und lass dich von verschiedenen Themen, die er oder sie anspricht inspirieren, um auf das nächste Thema zu sprechen zu kommen. Dabei solltest du natürlich nicht zu schnell vorgehen, sondern den anderen immer die Möglichkeit geben, seinen Gedanken fertig auszuführen. Kleine Redepausen müssen also nicht immer negativ sein, denn sie zeigen häufig auch an, dass ihr nun über ein neues Thema sprechen könntet, da über das gerade Besprochene einfach alles gesagt ist.

Tipp 2: Stelle vertiefende Fragen

Sieht man sich das Smalltalk Verhalten von Männer und Frauen beim Flirten genauer an, fällt sehr schnell auf, dass Frauen in den meisten Fällen dazu neigen, vertiefender Fragen zu stellen und somit verschiedenen Themen tiefer auf den Grund zu gehen. Viele Männer geben sich hingegen meist mit der ersten Antwort zufrieden und kommen gar nicht auf die Idee, vielleicht sogar tiefer nachzubohren. Entscheidest du dich für eine solche Herangehensweise kannst du dazu beitragen, dass der Smalltalk möglichst lange dauert und sich die andere Person auch wirklich wahrgenommen fühlt. Ansonsten kann es schnell passieren, dass das Gespräch bereits nach wenigen Minuten beendet ist und du erst recht nicht die Dinge in Erfahrung gebracht hast, die du von dem attraktiven Mann oder der attraktiven Frau dir gegenüber eigentlich wissen wolltest.

Stelle dir einmal folgendes Gespräch vor

Dein Gegenüber „Ich liebe es, nach Italien zu reisen."
Deine Antwort: „Oh ja, wer nicht?"
Mit dieser kurzen und prägnanten Antwort wirst du dafür sorgen, dass dieses Gesprächsthema, das eigentlich so viel hergibt und dazu führen kann, dass ihr euch wirklich angeregt unterhaltet, innerhalb nur weniger Sekunden abgehandelt ist und du wieder ein neues Thema ins Spiel bringen musst.

Frag daher lieber: „Verbindet dich etwas Besonderes mit Italien oder liebst du einfach auch nur so sehr das italienische Essen wie ich?"

Auf diese Weise stellst eine offene Frage, die dein Gegenüber so ausführlich beantworten kann, dass du wirklich mehr über sie oder ihn erfährst und zeigst zugleich, dass auch du an Italien bzw. dem italienischen Essen aufrichtig interessiert bist. Auf diese einfache Weise kannst du noch näher auf das Thema eingehen und vielleicht auch den neuen Italiener in der Stadt erwähnen, der vor kurzem eröffnet hat und den man vielleicht ja einmal gemeinsam ausprobieren kann.

- KAPITEL ZWEIUNDZWANZIG -

Trainiere für den Ernstfall

Die Kunst, einen guten Smalltalk zu führen, ist immer eine echte Herausforderung. Steht uns jedoch eine Person gegenüber, die wir besonders spannend, attraktiv oder auch einfach unglaublich interessant finden, kommt diese Tatsache meist noch erschwerend hinzu. Plötzlich wissen wir einfach gar nicht mehr, was wir nun sagen sollen und möchten nur um jeden Preis verhindern, uns beim anderen zu blamieren. Genau diese Angespanntheit kann jedoch dazu führen, dass wir nicht gerade besonders attraktiv auf unser Gegenüber wirken und er oder sie kein weiteres Interesse zeigt.

Damit du das verhindern kannst und du selbst beim Flirten selbst dann eine gute Figur machst, wenn es darum geht einen Smalltalk zu führen, ist es wie wir bereits wissen unumgänglich zu üben, zu üben und nochmals zu üben. Egal, ob in deiner Freizeit, auf der Arbeit oder einfach beim Einkaufen: Nutze jede Gelegenheit, um mit anderen Personen ins Gespräch zu kommen und sorge somit dafür, dass du dann auch weniger nervös sein wirst, wenn es wirklich darauf ankommt. Das hat natürlich auch noch den tollen Nebeneffekt, dass du viele neue Personen triffst und vielleicht so auch auf eine Person aufmerksam wirst, die dir auf den ersten Blick gar nicht so wirklich ins Auge gestochen ist, nun jedoch einen absolut sympathischen und auch attraktiven Eindruck auf dich macht.

Mache also bitte keinesfalls den Fehler und warte darauf, bis dir eine Person wirklich gut gefällt oder du dein nächstes Date hast, um deine neuen Smalltalkfähigkeiten zu testen, denn auf diese Weise würdest du der Situation viel zu viel Gewicht beimessen und die Nervosität wird dir höchstwahrscheinlich im Endeffekt doch wieder einen Strich durch die Rechnung machen.

Wann wird aus einem Smalltalk plötzlich ein Flirt? Diese Kriterien helfen dir dabei, den Unterschied zu erkennen.

Vielleicht hast auch du dich schon einmal in der folgenden Situation befunden: Du unterhältst dich nett und angeregt mit einem Kollegen oder vielleicht auch einem Bekannten im Fitnessstudio, bei dem du plötzlich merkst, dass er oder sie dich auch privat interessieren könnte und du an einem Date interessiert wärst. Vielleicht bist du dir nun auch gar nicht mehr wirklich sicher, ob der andere nicht schon längst mit dir flirtet und du die Zeichen vielleicht einfach nur falsch gedeutet hast. Oder du möchtest einen leichten Smalltalk ganz gezielt in einen Flirt umwandeln, um die andere Person wirklich auf dich aufmerksam zu machen. Wir haben nun die wichtigsten Kriterien für dich zusammengefasst, an denen du ganz einfach erkennen kannst, ob dein Gegenüber sich einfach nur mit dir unterhalten möchte oder schon längst mit dir flirtet bzw. mit welchen kleinen Zeichen du den anderen erkennen lassen kannst, dass du eigentlich an mehr interessiert bist.

Wichtig ist hierbei natürlich darauf zu achten, keine Grenzen zu überschreiten und es sofort zu akzeptieren, wenn der andere dir verbal oder nonverbal vermittelt, dass er bzw. sie nicht an mehr interessiert ist.

1) Der Blickkontakt wird plötzlich intensiver

Wenn du mit einer Person einen lockeren Smalltalk führst, wirst du deinen Blick die meiste Zeit ganz natürlich auf die Mitte des Gesichts des anderen lenken und von Zeit zu Zeit auch wegschauen. Wie wir bereits wissen, kann ein Blickkontakt etwas sehr intimes sein und es ist wichtig darauf zu achten, wie dein Gegenüber diesen erwidert bzw. wo er oder sie sich meiste Zeit mit den Augen befindet. Wird aus einem Smalltalk ein Flirt ist das deutlichste Anzeichen dafür zumeist, dass sich der Blickkontakt intensiviert und man sich wirklich in die Augen sieht. Solltest du dieses Verhalten bei deinem Gegenüber bemerken, kann es sehr gut sein, dass auch er oder sie ein Auge auf dich geworfen hat.

2) Dir wird das Du-Wort angeboten bzw. du bietest es an.

Vor allem im beruflichen Umfeld ist es in den meisten Fällen gar nicht so leicht zu erkennen, ob man sich nun bald auf eine freundschaftliche bzw. zwischenmenschliche Beziehungsebene begibt oder es sich doch nur um ein höflich professionelles Verhältnis handelt. Ein eindeutiges Anzeichen dafür, dass es nun doch etwas persönlicher werden darf ist es, wenn der andere dir das Du-Wort anbietet. Hierbei ist natürlich dringend darauf zu achten, dass der Ranghöhere diese Höflichkeit dem unter ihm stehenden zuteilwerden lässt bzw. die ältere Person der jüngeren. Ab dem Moment, an dem ihr euch beim Vornamen nennt, bekommt das Gespräch automatisch eine viel persönlichere Dimension und es wird vielleicht von nun an auch offener Interesse aneinander bekundet. Möchtest du mit deinem Gegenüber Flirten, solltest du so unauffällig wie möglich immer wieder den Vornamen des anderen in das Gespräch einbauen, um noch mehr Vertrautheit zu schaffen und Aufmerksamkeit zu signalisieren.

3) Die Themen werden persönlicher

Wie wir bereits wissen zeichnet sich ein Smalltalk in den meisten Fällen dadurch aus, dass nicht allzu persönliche und somit unverfängliche Themen besprochen werden, wie zum Beispiel das Wetter, der letzte Urlaub oder auch einfach das gute Essen, das gerade angeboten wird. Bist du jedoch näher an einer Person interessiert und möchtest du diese gerne besser kennenlernen, so wird einer von euch beiden höchstwahrscheinlich versuchen, die Gesprächsthemen auf eine persönlichere Ebene zu lenken, um dafür zu sorgen, dass ihr euch wirklich kennenlernen könnt. Typische Themen bei einem Flirt sind häufig der aktuelle Familienstand des anderen, ob man Kinder hat, welche persönlichen Interessen den anderen ausmachen oder auch, wie man sich eine Beziehung vorstellt. Solltest du bemerken, dass dein Gegenüber gerne auf einer solch persönlichen Ebene mit dir kommunizieren will, kannst du dir ziemlich sicher sein, dass er oder sie näher an dir interessiert ist und sich aus eurem Smalltalk schön langsam ein Flirt entwickelt.

4) Es kommt zu Berührungen.

Es ist eine interessante Beobachtung, die Sozialforscher bereits vor Jahrzehnten entdeckt haben: Ist uns eine Person sympathisch und finden wir diese interessant, neigen wir dazu, sie während einem Gespräch immer wieder wie zufällig zu berühren. Genau das ist natürlich auch die Ursache dafür, warum wir bei guten Freunden oder auch Familienmitgliedern gerne Umarmungen austauschen und uns nicht nur einfach die Hand entgegenstrecken. Solche Berührungen symbolisieren Vertrautheit, Sympathie und vor allem

auch Interesse aneinander. Wenn du bemerken solltest, dass dir dein Gegenüber beim Smalltalk wie rein zufällig auf den Arm greift oder deine Schulter berührt, sind dies eindeutige Indizien dafür, dass er oder sie dich mehr als sympathisch findet und dich vielleicht sogar bald um ein Date bitten wird. Möchtest du deinem Gegenüber etwas näher kommen und dies anhand einer Berührung verdeutlichen, kann es eine guter Trick sein, ihn oder sie nach dem Parfum zu fragen, welches so fantastisch riecht. Dann lehnst du dich nach vor, riechst an ihrem bzw. seinem Hals und legst deinem Gegenüber dabei die Hand auf die Schulter.
Aber Achtung: Hierbei handelt es sich bereits um ein deutliches Zeichen, dass du ernsthaft an dem anderen interessiert bist und du solltest daher nur dann auf diesen Tipp zurückgreifen, wenn du dir bereits ziemlich sicher bist, dass auch der andere Interesse an dir hat.

5) Mit richtig gesetzten Komplimenten kann aus jedem Smalltalk ein Flirt werden.

Bist du dir noch nicht darüber im Klaren, wie du deinem Gesprächspartner am besten zeigen kannst, dass du ihn oder sie sehr interessant findest, können Komplimente meist der perfekte Einstieg sein. Diese können von ganz unverfänglichen kleinen Aufmerksamkeiten wie zum Beispiel: „Dein Kleid steht die aber fantastisch." Bis zu: „Du siehst aber heute besonders sexy aus." reichen. Denke hierbei jedoch immer daran, dass der Ton die Musik macht und du keinesfalls zu viele oder auch zu intensive Komplimente machen solltest, wenn du dein Gegenüber noch nicht wirklich kennst bzw. du nicht sicher bist, ob er oder sie überhaupt an einem Flirt mit dir interessiert ist. Ansonsten kann es ganz leicht passieren, dass du kein ehrliches Interesse bekundest, sondern dem anderen viel zu schnell zu nahe kommst und sich dein Gesprächspartner gerade dadurch abgeschreckt fühlt.

6) Mache die andere Person zum Inhalt eures Smalltalks.

Wir wissen bereits, dass wir Gesprächspartner am meisten schätzen, wenn wir etwas über uns selbst erzählen können und der andere ehrliches Interesse an uns bzw. unserem Leben bekundet. Sollte dir dein Smalltalk Partner daher etwas besser gefallen, mache ihn am besten selbst zum Thema eures Gesprächs. Auf diese Weise schmeichelst du nicht nur ihrem bzw. seinem Ego, du erfährst zudem mehr über die Person und kannst bereits im Vorhinein abschätzen, ob es sich lohnt, sie oder ihn um ein Date zu bitten.

7) Der Blick und das Lächeln verändern sich.

Blicke sagen mehr als 1000 Worte und häufig reicht ein einziges Lächeln aus um zu erkennen, dass der andere sich nicht nur im Moment gerne mit einem unterhält, sondern den Kontakt intensivieren möchte. Um besser abschätzen zu können, ob dein Gegenüber genauso denkt, schenke ihm oder ihr in einer kurzen Gesprächspause einfach mal ein kleines Lächeln und beobachtet die Reaktion. Wird das Lächeln erwidert und deinem Blick etwas länger standgehalten, stehen die Zeichen gut, dass sich etwas mehr aus eurem Smalltalk entwickeln kann.

8) Kleine Neckereien kommen ins Spiel.

Im Laufe eines Small Talk, der sich schön langsam zu einem Flirt entwickelt wirst du merken, dass dir dein Gegenüber nicht nur zunehmend sympathischer wird, sondern sich auch eine gewisse Vertrautheit zwischen euch beiden einspielt. Man scheint eine gemeinsame Sprache zu entwickeln, in der auch der ein oder andere Scherz durchaus möglich ist und man sich gegenseitig etwas austestet. Hierbei kann es sich auch um eine tolle Möglichkeit handeln um herauszufinden, ob der andere auch wirklich Humor hat und ein bisschen über sich selbst lachen kann. Achte auf alle Fälle darauf, diese Fähigkeit auch selbst unter Beweis zu stellen, da du dadurch als humorvolle, sympathische und vor allem alles andere als arrogante Person wahrgenommen wirst.
Dabei ist es wichtig, immer situationsabhängig zu reagieren und es vor allem nicht zu übertreiben, da sich euer Gespräch ansonsten in eine sehr alberne Richtung entwickeln könnte. Es handelt sich hierbei um einen besonders heiklen Trick, der in vielen Fällen zwar Vertrautheit ausdrücken kann, jedoch richtig dosiert werden muss. Solltest du dir also unsicher sein, verzichte lieber darauf.

9) Statt ständig Fragen zu stellen, werden Vermutungen angestellt

Ein weiteres Anzeichen dafür, dass sich ein normaler Smalltalk zu einem echten Flirt entwickelt kann es sein, wenn dein Gegenüber nicht mehr einfach nur Fragen stellt, sondern damit beginnt, verschiedene Vermutungen anzustellen. Zum Beispiel sagt dein Gesprächspartner, statt dich zu fragen: „Fährst du gerne auf Urlaub?“, „Ich wette, dass du jemand bist, der gerne reist und die Welt erkundet.“ Auf diese Weise signalisiert man, dass man versucht, den anderen einzuschätzen und ihn für eine interessante und aufregende Person hält. Auch du selbst kannst diese Technik hervorragend anwenden, wenn du deinem Gegenüber ein kleines Kompliment machen willst, ohne zu aufgesetzt dabei zu wirken.

10) Du zeigst ernsthaftes Interesse, indem du über die Zukunft sprichst.

Der Smalltalk mit deinem Gegenüber läuft gut, du merkst mehr und mehr, dass ihr aneinander Interesse zu haben scheint und nun geht es ans Eingemachte, denn du möchtest der anderen Person zeigen, dass du dir sehr gut ein weiteres Treffen oder auch mehr vorstellen kannst. Dies tust du am besten, indem du nicht bis zum Ende des Gespräch wartest, da sich ansonsten ein zu großer Druck aufbaut und du dich vielleicht vor lauter Nervosität schließlich gar nicht mehr zu fragen traust, ob ihr euch wiederseht. Sobald du also merken solltest, dass du den anderen oder die andere gern wiedersehen willst, beginne damit, über Ereignisse zu sprechen, die in einer gemeinsamen Zukunft möglich wären. Habt ihr euch zum Beispiel darüber unterhalten, wie gerne ihr thailändisch essen geht, kannst du durchaus vorschlagen: „Vielleicht hast du ja Lust, mit mir gemeinsam nächste Woche mal den neuen Thailänder in der Stadt auszuprobieren?“ Ist auch dein Gegenüber einem erneuten Treffen und somit vielleicht einem ersten Date nicht abgeneigt, wird sie oder er diesem Vorschlag sehr gerne zustimmen und schon habt ihr eine Verabredung ausgemacht. Eine weitere Möglichkeit ist es bei einem Hobby vorzuschlagen, dieses doch gemeinsam zu machen. Sollte dein Gesprächspartner zum Beispiel gerne wellnessen und sich dabei so richtig verwöhnen lassen, kannst du vorschlagen, dies zum Beispiel einmal gemeinsam zu tun und somit ebenfalls ausdrücken, dass du gerne bereit bist, die Interessen und Hobbys der anderen Person zu teilen.

- KAPITEL DREIUNDZWANZIG -

Das Ende des Smalltalks höflich, aber dennoch bestimmt herbeiführen – so funktioniert es

ES KANN IMMER WIEDER die perfekte Situation auftreten, dass du und dein Gesprächspartner euch gleichzeitig aus dem, bis dahin angenehmen und äußerst angeregt geführten Smalltalk zurückziehen und ihr euch höflich voneinander verabschieden wollt. Vielleicht habt ihr sogar eure Kontaktdaten ausgetauscht, dem jeweils anderen eine Visitenkarte überreicht oder euch bereits ein Treffen vereinbart, dass in naher Zukunft stattfinden wird. Leider sieht die Realität jedoch sehr häufig anders aus und einer von beiden Gesprächspartnern hat, aus welchem Grund auch immer, kein Interesse oder vielleicht auch keine Zeit mehr, um das Gespräch weiter fortzuführen. Generell nähert sich irgendwann natürlich jeder Smalltalk seinem Ende, auch wenn dieses nur vom einen der Beiden herbeigesehnt wird. Doch ist es eigentlich möglich, einen Smalltalk höflich zu beenden und dafür Sorge zu tragen, dass sich dein Gesprächspartner nicht zurückgestoßen fühlt oder denkt, dass du ihn in Wahrheit für einen uninteressanten Gesprächspartner hältst? Die Antwort lautet eindeutig ja, du musst nur wissen, wie du dabei am besten vorgehst.

- KAPITEL VIERUNDZWANZIG -

Die Angst vor dem Schluss machen – auch beim Smalltalk ist sie häufig da

WIE WIR BEREITS MEHRFACH gehört haben, sind Menschen Lebewesen, die unbedingt die Gesellschaft anderer benötigen, um sich wertgeschätzt und wohlfühlen zu können. Möchtest du nun einen Smalltalk beenden, so wird darin wahrscheinlich die unbegründete und häufig auch unbewusste Angst mitschwingen, du könntest den anderen vor den Kopf stoßen und vielleicht sogar emotional verletzen, wenn du ihm oder ihr einfach sagst, dass du dich nun nicht weiter unterhalten möchtest. Auch die Angst davor, dass man bei der anderen Person einen schlechten oder auch unaufmerksamen Eindruck hinterlassen könnte hält viele davon ab, rechtzeitig die Notbremse zu ziehen und sich aus einem langweiligen Gespräch zurückzuziehen. Diese Angst ist jedoch in den meisten Fällen unbegründet und der oder die andere wird es vielleicht gar nicht mitbekommen, dass du in Wahrheit nicht mehr länger mit ihm oder ihr sprechen willst. Du solltest es dir vielmehr wert sein, deine Zeit mit interessanten und für dich inspirierenden Personen zu verbringen, anstatt dich den ganzen Abend mit jemanden zu unterhalten, der dir nur ein Ohr abkaut und in dessen Nähe du dich alles andere als wohlfühlst.

Denke nur mal darüber nach, wie oft du in deinem Leben wahrscheinlich schon Zeit mit einer Person verbracht bzw. du dir ihre Sorgen und Anliegen angehört hast, nur weil du es nicht gewagt hast zu sagen, dass du in Wahrheit kein weiteres Interesse daran hast. Häufig geht uns das so bei Freunden, die wir bereits jahrelang kennen, die uns jedoch in erster Linie jedoch nur als emotionalen Mistkübel zu brauchen scheinen. Hast du es bei solchen Personen aus der Umgebung erst mal geschafft, dich von ihnen loszusagen und somit von jetzt an zu verhindern, dass du nicht mehr täglich für ihre Probleme verantwortlich bist, wirst du dich auf einen Schlag befreiter fühlen und vor allem auch viel mehr Zeit dafür haben, dir zum Beispiel selbst etwas Gutes zu tun oder dich mit besseren Freunden zu umgeben.

Wieso solltest du also deine Zeit verschwenden, um mit unbekannten Personen ewig lange einen Smalltalk zu führen. Also versuche diese von dir empfundene Zeitverschwendung möglichst kurz zu halten, in der du dich mit uninteressanten Personen unterhältst oder solchen, bei denen das Gespräch einfach nicht in Fahrt kommen will.

In erster Linie sollte es beim Smalltalk darum gehen, dass du dich entweder amüsieren kannst, du einen kleinen Mehrwert aus der Situation mitnimmst oder du dich einfach nur über ein interessantes Gesprächsthema austauschen kannst. Sollte nichts dergleichen der Fall sein, hinterfrage einfach, ob es nicht besser wäre, dich zu verabschieden und einen anderen Gesprächspartner aufzusuchen, mit dem dies gelingen kann. Habe keine Angst davor, dass dich der andere nicht mehr mögen könnte, weil du dich aus der Smalltalk Situation zurückziehst. Nicht alle Menschen müssen dich unbedingt mögen und auch dir muss nicht für jede Person und ihre Ansichten gefallen.
Was kann man also tun, wenn der Smalltalk einfach nirgends hinzuführen scheint und du am liebsten sofort das Weite suchen willst? Natürlich ist es keine Option, die andere Person einfach stehen zu lassen, dich umzudrehen und zu gehen. Es gibt jedoch einige Möglichkeiten, wie du dich höflich und äußerst stilvoll aus dem Gespräch zurückziehen kannst, ohne dass der andere dabei sein Gesicht verliert oder das Gefühl hat, dass du das Gespräch mit ihm oder ihr nicht genossen hast. Wir werden dir nun einige dieser Möglichkeiten vorstellen, wobei es sich sowohl um sehr höfliche, direkte aber natürlich auch kreative Wege handelt, wie du einen Smalltalk stilvoll beendet kannst.

Der einfachste und direkte Weg: die Entschuldigung

Hierbei handelt es sich um die wohl einfachste und vor allem auch höflichste Methode, um dich aus einem Smalltalk zurückzuziehen und diese wendest du an, indem du dich einfach kurz entschuldigst und sagst, du müsstest dich dringend mit einem der anderen Gäste unterhalten, die Toilette aufsuchen oder dir zum Beispiel etwas zu trinken holen. Wichtig ist hierbei natürlich auch noch zu erwähnen, dass du das Gespräch als sehr angenehm empfunden hast. Solltest du die Person als uninteressant empfunden haben, erwähne allerdings keinesfalls, dass ihr euch das nächste Mal ja gerne wieder unterhalten könnt oder ihr euch vielleicht einmal treffen solltet. In diesem Fall kann es nämlich sehr leicht passieren, dass dich dein Gesprächspartner beim Wort nimmt und gerne mit dir die Kontaktdaten austauschen will. Bei aller Höflichkeit ist es also wichtig, dich nicht zu weit aus dem Fenster zu lehnen, da du ansonsten genau das Gegenteil von dem bezwecken würdest, was du eigentlich vorhast und sich aus dem Smalltalk in nächster Zeit ein noch viel längeres Gespräch entwickeln könnte.

Ehrlichkeit zahlt sich aus: das Versprechen

Kannst du dir hingegen durchaus vorstellen, dass du dich mit deinem Gesprächspartner auch in Zukunft gerne noch einmal unterhalten möchtest und willst verhindern, dass dein Abgang allzu abrupt wirkt, teile dies deinem Gegenüber ganz einfach mit. Musst du dich ja wirklich gerade ganz dringend mit jemand anderem unterhalten, kannst du zum Beispiel einfach vorschlagen, dass ein zukünftiges Treffen doch eine tolle Möglichkeit wäre, um das Gespräch zu vertiefen. Sage am besten: „Ich würde mich sehr darüber freuen, wenn wir uns vielleicht noch einmal treffen könnten, um genau auf dieses Thema einzugehen. Sollen wir vielleicht unsere Kontaktdaten austauschen?". Schon hast du dein Ziel erreicht und kannst dich für den Moment aus dem Smalltalk zurückziehen, ohne den anderen vor den Kopf zu stoßen. Diesen Weg solltest du allerdings wirklich nur dann wählen, wenn du, wie bereits erwähnt, ehrlich an einem erneuten Treffen interessiert bist. Ansonsten könntest du sehr leicht als Mensch dastehen, der zwar einiges verspricht, dieses jedoch nicht hält.
Die eleganteste Art, um sich aus der Affäre zu ziehen: das Vorstellen

Eine besonders tolle Möglichkeit, um einen Smalltalk zu beenden, ohne dass der andere verschnupft auf dein Verhalten reagieren könnte ist es, diesem einen anderen Gesprächspartner zur Verfügung zu stellen. Dies tust du am besten, indem du ihn einfach eine dir bekannte Person vorstellst und die beiden vielleicht auf ein gemeinsames Thema wie zum Beispiel ein Hobby, ein Urlaubsziel oder auch die gleiche berufliche Branche aufmerksam machst. Bleibe noch kurz anwesend und ziehe dich anschließend mit einer kleinen Entschuldigung aus der Affäre, wie zum Beispiel, dass du dir nun noch etwas vom Buffet holen willst. Anschließend kommst du natürlich nicht erneut zur kleinen Gesprächsrunde hinzu, sondern suchst dir einen neuen Smalltalk Partner, mit dem du vielleicht etwas besser harmonierst. Und wer weiß, vielleicht könntest du ja zwei Personen miteinander bekannt gemacht haben, die sich wirklich gut miteinander verstehen und auf diese Weise sogar noch etwas Gutes tun.

Stelle deine schauspielerischen Fähigkeiten unter Beweis: das Retten

Für die nächste Möglichkeit, um sich aus einem Smalltalk zurückzuziehen ist etwas schauspielerisches Talent und vor allem auch Mut gefragt. Es handelt sich aber dennoch um einen äußerst effektiven Weg, um einen Smalltalk geschickt zu beenden, ohne dass du die andere Person mit deinem Verhalten verletzt bzw. er oder sie merken könnte, dass du dich einfach langweilst und deshalb nicht mehr weiter mit ihm oder ihr sprechen willst. Für diese Variante schau zum Beispiel ganz aufgeregt zur Tür und sage anschließend, dass gerade jemand den Raum betreten hat, mit dem du ganz dringend geschäftlich sprechen musst. Betone dabei, dass diese Sache von enormer Wichtigkeit ist und du es daher so schnell wie möglich hinter dich bringen willst. Oder tue so, als wär dein Gegenüber von nun an ein Verbündeter und erzähle ihm, dass du einer Freundin oder auch einem Arbeitskollegen versprochen hast, ihr bzw. ihm sofort zu Hilfe zu eilen, wenn sie/er dir ein spezielles Zeichen sendet. Dein Gegenüber wird natürlich vollstes Verständnis dafür zeigen, dass ein solches Versprechen sofort eingehalten werden muss und du dich nun nicht mehr länger mit ihm oder ihr unterhalten kannst. Zudem sorgt das geteilte „Geheimnis" dafür, dass sich dein Gesprächspartner von dir sehr wertgeschätzt und ernst genommen fühlt, da du ihm Vertrauen entgegenbringst und dein Geheimnis preisgibst.

Bringe den anderen dazu, den Smalltalk beenden zu wollen: die Irritation

Ein weiterer äußerst kreativer Weg, um dich geschickt aus einer Smalltalk Situation herausziehen zu können ist es, den anderen dazu zu bringen, dass er oder sie das Weite suchen möchte. Dies gelingt am besten, wenn du zum Beispiel bei jeder Aussage nachfragst und signalisierst, dass du diese absolut nicht nachvollziehen kannst oder du verstehst alles absichtlich falsch. Zudem ist es möglich dein Gegenüber ganz einfach zu verunsichern, indem du ständig dazwischen redest und damit beginnst, eine scheinbar endlos lange Anekdote aus deinem Leben zu erzählen. Hast du erst mal damit begonnen, wird dein Gesprächspartner es wahrscheinlich gar nicht abwarten können, bis du endlich eine Gesprächspause machst und er oder sie sich mit einer Entschuldigung aus der Affäre ziehen kann, um zum Beispiel einmal schnell die Toilette aufzusuchen. Wende einfach alle bzw. einige der Verhaltensweisen an, vor denen wir dich in den vorigen Kapiteln gewarnt haben und die dazu beitragen können, dass sich dein Gegenüber beim Smalltalk mit dir alles andere als wohlfühlt.

Versuchs auf dem charmanten Weg: der Themenwechsel

Es kann durchaus vorkommen, dass du und dein Gegenüber euch gerade unterhaltet und du einfach überhaupt nichts mit dem Thema anfangen kannst, über das er oder sie gerade spricht. Das muss jedoch lange noch nicht heißen, dass es dir bei anderen Themen auch so gehen würde. Sollte es sich bei deinem Gegenüber zum Beispiel um einen Chef handeln und du möchtest eigentlich wirklich alles dafür tun, dass ihr euch gut über ein Thema unterhalten könnt, kann ein Themenwechsel eine tolle Möglichkeit sein, um doch noch Gemeinsamkeiten zu finden. Sollte auch das nicht helfen, kann ein solcher Wechsel zumindest dazu beitragen, dass eine Person, die sich in näherer Umgebung befindet dieses als besonders interessant empfindet und es als Gesprächseinstieg nützt, um sich zu eurer Smalltalk Runde dazugesellen zu können.

Wenn gar nichts mehr hilft, sei am besten ehrlich

Sollte keine der vorgestellten Möglichkeiten der richtige Weg sein, um dich aus einem langweiligen Smalltalk zurückzuziehen, gibt es noch eine letzte äußerst effektive Möglichkeit. Nämlich einfach ehrlich zu sein und darauf hinzuweisen, dass es die Höflichkeit bei Partys, Firmenevents oder ähnlichem verlangt, sich auch mit den anderen Gästen zu unterhalten. Antworte also möglichst knapp auf die Fragen deines Gegenübers und sage ihm oder ihr in einer Redepause: „So, ich werde mich nun auch mit ein paar anderen Gästen unterhalten. Es hat mich gefreut“. Schon ist der Weg frei und du kannst genau das tun, was du dir von dem Abend oder der Veranstaltung erhofft hast, nämlich Kontakte knüpfen, dich mit interessanten Personen umgeben und vielleicht auch noch richtig Spaß haben.

- KAPITEL FÜNFUNDZWANZIG -

Mit der richtigen Trainingsstrategie zum Smalltalk-profi – das kannst du tun, um dich zu verbessern

Du hast mittlerweile bereits sehr viel über das Thema Smalltalk erfahren und wie du am besten dabei vorgehst. Dennoch bringen wir alle unsere ganz persönlichen Schwächen, Eigenschaften und auch Stärken mit, die dazu beitragen können, wie wir beim Kennenlernen auf andere wirken. Dies hat natürlich auch maßgeblichen Einfluss darauf, wie erfolgreich wir Smalltalk Situationen meistern und wie uns andere Menschen in diesen begegnen. Solltest du das Gefühl haben, bereits alle wertvollen Strategien anzuwenden, die zu einem erfolgreichen Smalltalk führen sollten, jedoch noch immer nicht die Ziele zu erreichen, die du dir gesetzt hast, kann dieses gezielte Trainingsprogramm, das wir dir nun genauer vorstellen werden dazu führen, dass du dich weiter verbesserst und die ein oder andere kleine Unzulänglichkeiten entfernen kannst. Möchtest du dich also wirklich verbessern, wird es Zeit, das Ziel aktiv in Angriff zu nehmen, auch wenn hierfür einiges an Zeit und vielleicht auch Geduld notwendig ist.

Erwecke deinen inneren Beobachter und höre, was er sagt

Es gibt meist einen himmelhohen Unterschied dazwischen, wie uns andere wahrnehmen und wie wir uns selbst sehen. Das muss jedoch nicht sein, denn sich selbst zu beobachten und sensibel dafür zu werden, wie wir auf andere wirken kann maßgeblich dazu beitragen, dass wir besser im Smalltalk werden und somit von nun an erfolgreicher durchs Leben gehen. Versuche daher in Gesprächen regelmäßig die sogenannte Adler-Position einzunehmen, um dich besser von außen wahrnehmen zu können. Stelle dir zu diesem Zweck ganz einfach vor, dass du dich und die Situation, in der du dich gerade befindest, von oben betrachtest. Was fällt dir dabei auf? Wie ist deine Körpersprache? Stehst du aufrecht da oder lässt du vielleicht doch die Schulter hängen? Wie sind die Gesprächsbeiträge zwischen dir und deinem Smalltalk Partner verteilt? Was würdest du in diesem Moment gerne an deinem Verhalten ändern?

Wenn du erst damit beginnst, deine Smalltalkfähigkeiten zu trainieren, wird es sehr häufig schwierig sein, diese Adlerperspektive bereits im direkten Gespräch anzuwenden, da du dich wahrscheinlich gleichzeitig auf genug andere Dinge konzentrieren musst und du einfach nicht die nötige Zeit dafür findest. Sollte das der Fall sein, ist es möglich nach einer Veranstaltung, auf der du viele Smalltalk Situationen erlebt hast, diese im Geiste durchzugehen und dich noch einmal hineinzufinden. Reflektiere, wie du dich genau bei diesen Gesprächen gefühlt hast und welchen Gesamteindruck du höchstwahrscheinlich auf deinen Smalltalk Partner gemacht hast. Welche Themen waren besonders erfolgreich und haben dazu geführt, dass ihr euch angeregt unterhalten habt und waren vielleicht auch welche dabei, bei denen du das Gefühl hast, deinen Gesprächspartner nur verschreckt zu haben? Hast du es geschafft, gute Kontakte zu knüpfen und vielleicht sogar Visitenkarten auszutauschen? Die Reflexion dieser und vielleicht noch einiger weiterer Fragen wird dir dabei helfen, bereits gemachte Erfahrungen besser analysieren zu können und somit die Punkte zu finden, an denen du vielleicht in Zukunft noch etwas mehr arbeiten willst.

Bitte Freunde und/ oder Familienmitglieder darum, dir ein ehrliches Feedback zu geben

Du kannst die Fähigkeit, dich von außen zu betrachten noch so gut trainieren, gewisse Verhaltensweisen und Muster wirst du selbst an dir wahrscheinlich dennoch nie enttarnen können. Deshalb solltest du unbedingt einen Freund oder auch ein nahestehendes Familienmitglied darum bitten, dir ein ehrliches Feedback zu deinen Smalltalkfähigkeiten bzw. deinem Auftreten zu geben. Auf diese Weise wirst du am besten erfahren, wie du selbst auf andere Menschen wirkst und ob es vielleicht doch noch die ein oder andere Sache gibt, die du verbessern solltest. Wichtig ist bei der Auswahl der Person, die dir ein solches Feedback gibt darauf zu achten, dass diese es wirklich ehrlich mit dir meint und dich sehr schätzt. Solltest du an die falsche Person geraten und dich vielleicht für jemanden entscheiden, der oder die in Wahrheit schon seit langem neidisch auf dich ist, wirst du kein ehrliches Feedback erhalten und im Endeffekt wahrscheinlich sogar nur in die Irre geführt werden.

Ziel dieser Rückmeldung soll es schlussendlich sein, dass du mehr über dich selbst und deine Außenwirkung erfährst, um deine Smalltalkfähigkeiten weiter verbessern zu können. Stell dir zum Beispiel vor, du leidest an einem Tick und fährst dir während einem Gespräch ständig durch die Haare. Du selbst nimmst dieses Verhalten überhaupt nicht mehr wahr, von deinem Gegenüber wird es jedoch als sehr lästig empfunden. Genau ein solches Muster wirst du erst dann durchbrechen können, wenn dich jemand anders darauf aufmerksam macht und du somit an deiner Ausstrahlung arbeiten kannst.

Das Feedback akzeptieren – Meist alles andere als leicht

Hast du erst mal ein Feedback von einem Freund oder einem Familienmitglied erhalten kann es durchaus sein, dass hierbei Dinge zur Sprache gekommen sind, die dich schwer getroffen oder vielleicht sogar verletzt haben und du nun an der Freundschaft bzw. der Beziehung zu der anderen Person zu zweifeln beginnst. Wir alle wissen, dass es immer schmerzhaft ist, Kritik zu bekommen, allerdings zu lernen mit diesen umzugehen stellt eine entscheidende Fähigkeit dar, die ebenfalls dazu führen wird, dass du dich beruflich und privat weiterentwickelst und deine Fähigkeiten somit verbessern wirst. Ein besonders entscheidender Faktor, wenn du Feedback von einem anderen Menschen erhalten möchtest ist es, die Aussagen nicht in irgendeine Richtung zu interpretieren, sondern es so wahrzunehmen, wie es von deinem Freund oder einem Familienmitglied auch wirklich wiedergegeben wurden. Kommt es hierbei zu Missverständnissen, spreche diese einfach direkt an und ihr werdet sie wahrscheinlich sofort klären können. Kritisiert der andere eine gewisse Eigenschaft an dir und du kannst die Rückmeldung nicht wirklich nachvollziehen, bitte ihn oder sie darum, eine konkrete Situation zu beschreiben, in der du auf diese Weise gehandelt hast. Keinesfalls solltest du dich deinem Feedbackgeber gegenüber rechtfertigen, sondern dieses einfach akzeptieren und anschließend analysieren. Denke darüber nach, welche Punkte du sehr gut nachvollziehen kannst, welche du als etwas übertrieben empfunden hast und woran du von nun an wirklich denken bzw. arbeiten willst. Auf diese Weise wirst du den größten Effekt aus dem Feedback ziehen können und dieses schlussendlich als Bereicherung sehen, um deine Smalltalkfähigkeiten weiter trainieren und somit verbessern zu können

Nach dem Feedback ist vor der Veränderung – so geht‘s weiter

Nachdem du dir das Feedback genau angehört hast und den ein oder anderen Punkt herausfiltern konntest, den du nun gerne an dir verbessern möchtest, geht es darum, dieses Vorhaben natürlich auch in die Tat umzusetzen. Das ist in vielen Fällen jedoch gar nicht einfach, wie es sich zunächst anhören mag. Vielleicht stellst du dir die Frage, ob es überhaupt möglich ist, jahrelang eingeübte Verhaltensmuster einfach so abzulegen. Die gute Nachricht lautet jedoch: es ist möglich an verschiedenen Aspekten des eigenen Auftretens zu arbeiten und auf diese Weise Schritt für Schritt zu bewirken, dass man beim Smalltalk einen noch besseren Eindruck auf andere macht. Alles was du dafür tun musst, ist folgende Punkte zu beachten:

• Wurde das störende Verhalten erstmal als solches erkannt, solltest du es zunächst als einen Teil von dir akzeptieren und dich keinesfalls dafür schämen. Schließlich bist du doch jetzt bereit, daran zu arbeiten und wirst dies nun auch in Angriff nehmen.

• Stelle dir bereits vor deinem inneren Auge vor, wie du dich von nun an verhalten willst, um dein Muster zu durchbrechen. Solltest du zum Beispiel immer wieder während eines Gesprächs die gleiche Phrase verwenden, überlege dir Alternativen, die von nun an zum Einsatz kommen können. Weißt du hingegen nie genau, was du mit deinen Händen machen sollst, lass dir auch dafür etwas einfallen und schau zum Beispiel, dass du immer ein Glas Wasser bereit hast.

• Nun heißt es geduldig sein, denn auch wenn du dir vornimmst, von jetzt an immer die neue Verhaltensweise umzusetzen und nicht mehr in alte Muster zurückzufallen, wird dies vor allem am Anfang alles andere als leicht sein. Setze dich daher keinesfalls unter Druck und gibt dir die Zeit, die du brauchst. Nimm dir zum Beispiel vor, in der nächsten Smalltalk Situation darauf zu achten, dein altbewährtes Muster zu durchbrechen. Setze diesen Punkt und immer wieder in die Tat um und du wirst langsam merken, wie sich nicht nur dein Verhalten, sondern auch du selbst veränderst. Es hat viel mit Disziplin zu tun, an sich selbst zu arbeiten und du kannst zu Recht stolz auf dich sein, dass du diese Disziplin von nun an an den Tag legen willst.

Nach den ersten erfolgreichen Versuchen wirst du merken, wie dein Selbstvertrauen wächst und du es immer besser schaffst, das neue Verhalten umzusetzen. Das funktioniert vor allem deshalb, weil unser Gehirn Dinge abspeichert, die für uns gut funktionieren und die wir mit einer positiven Emotion in Verbindung bringen. So wird es von Versuch zu Versuch leichter, das neue Muster umzusetzen. Sollte es mehrere Dinge geben, die du gerne an dir ändern willst, versuche nicht zu viel auf einmal zu wollen und diese stattdessen in kleine Veränderungsschritte zu unterteilen. Nur auf diese Weise wirst du die Selbstsicherheit erlangen, um sie auch wirklich alle umzusetzen.

Die Geheimtipps der Smalltalkprofis – so wirst auch du bald große Erfolge feiern

Auch wenn wir noch so viel über das Thema Smalltalk wissen und wir bereits zahlreiche Tricks kennen, wie auch wir uns in einem lockeren Gespräch mit anderen von unserer besten Seite zeigen können, scheint es doch wie bereits erwähnt Menschen zu geben, denen diese Fähigkeit einfach angeboren ist. Fragt man diese jedoch nach ihren Geheimtipps für einen erfolgreichen Smalltalk, so kommt sehr oft heraus, dass es sich hierbei ebenfalls um eine erworbene Fähigkeit und keinesfalls einfach um ein angeborenes Talent handelt, mit dem die- oder derjenige die beruflichen oder privaten Chancen erhöhen wollte. Interessanterweise nennen viele Smalltalkprofis vor allem immer ein Wort, wenn man sie fragt, warum es ihnen so einfach fällt, mit anderen Personen ins Gespräch zu kommen und dieses heißt „Vorbereitung". Völlig zu Recht wirst du nun daran denken, wie schwer es doch ist, sich auf einen Smalltalk vorzubereiten. Wenn wir jedoch wissen, dass wir auf einer Veranstaltung zu Gast sind, bei denen wir höchstwahrscheinlich die Chance haben werden, unsere Smalltalkfähigkeiten unter Beweis zu stellen, ist es durchaus möglich, sich auf dieses Szenario vorzubereiten und somit einen entscheidenden Vorteil zu haben, um die anderen anwesenden Personen von sich zu überzeugen und als sympathischer, aufmerksamer und vor allem auch gern gesehener Gast in Erinnerung zu bleiben.

Kenne und definiere dein Ziel

Hast du bereits eine konkrete Idee im Kopf, wie dir ein Smalltalk dazu verhelfen kann, deine beruflichen oder auch privaten Ziele endlich in die Tat umzusetzen, so solltest du dir dessen auch absolut bewusst sein. Nur wenn du es schaffst, in deinem Kopf bereits eine klare Vorstellung davon zu erschaffen, wie dieses Ziel genau aussieht, wird es dir auch gelingen es zu verwirklichen bzw. es wird vielleicht leichter funktionieren, als du dir gedacht hättest. Überlege dir daher genau, was du von deinem Gegenüber erfahren möchtest bzw. welchen Eindruck dieser von dir gewinnen sollte, um deinem Ziel näher zu kommen.

Hast du dir darüber Gedanken gemacht und weißt du nun, was genau deine Botschaft ist, die du dem anderen möglichst standhaft, kurz und vor allem auch verständlich mitteilen willst, kann es losgehen. Überlege dir zu diesem Zweck am besten zwei knackige Sätze, mit denen dir dieses Vorhaben ohne Weiteres gelingt und übe sie am besten zu Hause. Ein guter Trick kann es hierbei sein, dies vor einem Spiegel zu machen, um genau zu sehen, wie deine Körpersprache wirkt und worauf du beim Smalltalk achten musst, um auch wirklich als selbstbewusste und ernstzunehmende Person zu erscheinen.

Hast du dies getan und ist schließlich der große Moment gekommen, versuche dich auf dein Vorhaben zu konzentrieren und warte keinesfalls bis zum Ende der Veranstaltung, bis du auf die Person zugehst. Ergreife den richtigen Moment, wobei du dir bewusst sein solltest, dass der perfekte Moment wahrscheinlich nie eintreten wird, weshalb du unbedingt deine erste Chance nutzen solltest. Gehe anschließend auf die Person zu und schon kann es losgehen. Dabei solltest du natürlich einen lockeren Gesprächseinstieg wählen, mit dessen Hilfe du zunächst den Smalltalk eröffnest, bevor du schließlich dein Vorhaben zur Sprache bringst. Steuere das Gespräch dabei ruhig frühzeitig in genau die Richtung, in der du es haben möchtest bzw. zu Themen, die dich interessieren. Schaffst du es, die Initiative zu ergreifen, ist die Chance gering, dass du von der anderen Person einfach niedergeredet wirst und du schlussendlich doch keine Chance hattest, um deinen Wunsch, dein Anliegen oder auch deine Projektidee vorzubringen.

- KAPITEL SECHSUNDZWANZIG -

Die Geheimwaffe – der sogenannte Elevator Pitch

VIELLEICHT HAST DU DEN Begriff Elevator Pitch bereits gehört, falls nicht, ist es nun dringend an der Zeit, denn es handelt sich hierbei um eine amerikanische Erfolgsgeschichte, wie sie nur das Leben kennt. Der Buchhalter Bob Mayer arbeitete in einem großen amerikanischen Unternehmen. Im Laufe der Zeit entwickelt er eine tolle Idee, wie seine Abteilung bzw. sogar das ganze Unternehmen sehr viel Geld sparen konnte. Um nicht zu riskieren, dass sein direkter Vorgesetzter diese tolle Idee als seine eigene verkaufen würde, hatte sich Bob dazu entschieden, diese zunächst für sich zu behalten, bis er selbst Möglichkeit dazu haben würde, um sie den Vorstandsvorsitzenden persönlich zu präsentieren. Als er jedoch versuchte, einen Termin bei diesen zu bekommen, wurde ihm seine Rolle im Unternehmen erst richtig klar, denn er bekam von den Sekretärinnen immer wieder zu hören, dass der Vorstand leider keine Zeit für ihn hat. Schließlich bekam er allerdings doch noch seine Chancen. Als er nun eines Tages, so wie an jedem Arbeitstag den Lift betrat, stand plötzlich auch ein anderer Herr im Aufzug und dabei handelte es sich um einen der Vorstandsvorsitzenden. Bob Mayer nutzte die Gunst der Stunde und beschloss, ihn einfach während der Aufzugsfahrt die Idee zu präsentieren und auf diese Weise dafür Sorge zu tragen, dass sie endlich an der richtigen Stelle gehört wird. Bis heute ist nicht genau bekannt, was mit dieser Idee passierte, allerdings war in dieser Sekunde eine andere Erfolgsgeschichte geboren und Bob Mayer begann damit, Menschen überall auf der Welt von seinem Erfolgskonzept des Elevator Pitchs zu überzeugen.

Was macht einen guten Elevator Pitch aus?

Ein Elevator Pitch hat das Ziel, eine Idee so schnell und verständlich wie möglich zu erklären, um beim anderen Interesse zu wecken und es so zu schaffen, dass einem die Aufmerksamkeit des Gegenübers sicher ist. Vor allem in der heutigen Zeit, in der die meisten Menschen absolut keine Geduld mehr haben, um sich länger dauernde Geschichten anzuhören handelt es sich hierbei um eine besonders wichtige Fähigkeit, damit man gehört wird. Um dafür zu sorgen, dass ein solcher Pitch auch wirklich gelingt, solltest du dich an folgender Vorlage orientieren und diese auch immer parat haben, wenn es dein Ziel ist, einem anderen einen Vorschlag zu unterbreiten:

1. ich bin...
2. ich biete...
3. ich suche...

Dieses Schema kann überall dort zum Einsatz kommen, wo du dich beruflich oder auch privat vorstellen und somit jemanden von dir bzw. deinem Projekt überzeugen willst. Anhand folgender Beispiele wird dies noch deutlicher:

1.Ich heiße Elsa Schneider.
2.Ich spiele seit 20 Jahren Klavier und gebe Klavierstunden.
3.Ich suche einen Raum, den ich mieten kann, um meine Schüler zu unterrichten.

1. Ich heiße Ralf Schmidt.
2.Ich bin neu in der Stadt und gehe gerne ins Theater.
3.Ich bin auf der Suche nach einer Dame, die mich gerne auf kulturelle Veranstaltungen begleiten möchte.

Du siehst also, wir haben hier zwei verschiedene Beispiele, an denen sich ganz leicht erkennen lässt, wie ein Elevator Pitch, sowohl im beruflichen Umfeld als auch Privatleben, dazu führen kann, dass du dein Anliegen kurz und knackig präsentierst und den anderen somit im Idealfall für deine Idee begeisterst. Auf diese Weise sorgst du dafür, dass die Kontaktaufnahme innerhalb kürzester Zeit funktioniert und du von nun an die Chance hast, einen Smalltalk in Gang zu bringen, der sich im Idealfall zu einer tiefergehenden Unterhaltung weiterentwickelt. Solltest du merken, dass deine Idee bei deinem Gegenüber absolut keinen Anklang findet, wird es Zeit sich die Frage zu stellen, ob du den Smalltalk überhaupt weiterführen möchtest oder du dich nicht doch nach einem geeigneteren Gesprächspartner umsiehst. Das ist vor allem immer dann wichtig, wenn das Gespräch einfach keine Fahrt aufzunehmen scheint oder immer wieder lange, peinliche Gesprächspausen entstehen. Solltest du dennoch dein Ziel nicht so schnell aufgeben wollen, ändere einfach deine Taktik und komme direkt auf dein Anliegen zu sprechen, welches du bereits zum Ausdruck gebracht hast. Sollte dein Gesprächspartner noch immer nichts damit anfangen können, ist es höchstwahrscheinlich an der Zeit, den Smalltalk aufzugeben.

- KAPITEL SIEBENUNDZWANZIG -

Die Checkliste: Bist du gut auf den Smalltalk vorbereitet?

BEVOR DU DICH IN eine Situation begibst, in der du deine Smalltalkfähigkeiten unter Beweis stellen wirst, solltest du immer daran denken, folgende Checkliste noch einmal durchzugehen, und sicherzustellen, dass du auch auf alle Eventualitäten vorbereitet bist. Auf diese Weise wirst du dich nicht nur besser und vor allem auch sicherer fühlen, du wirst ebenfalls selbstbewusster und somit interessanter für die anderen Personen wirken.

Die Smalltalk-Checkliste

– Fühlst du dich in deiner Kleidung wohl, ist diese sauber und dem Anlass angemessen gewählt? Gibt es eine Kleiderordnung, die du unbedingt einhalten musst?
– Sehen deine Frisur, deine Nägel und deine Hände gepflegt aus oder solltest du noch zum Friseur bzw. zur Maniküre gehen?

– Hast du dich ausreichend über den Zweck der Veranstaltung informiert und weißt du bereits, mit wem du dich gerne unterhalten willst? Kennst du den Gastgeber und würde es sich gehören, ihm oder ihr ein Geschenk mitzubringen?

– Gibt es eine bestimmte Idee, die du einer Person näher bringen möchtest? Hast du dich auf die Präsentation dieser Idee mithilfe eines Elevator Pitch vorbereitet und diesen ausreichend geübt? Gibt es Dinge, die du unbedingt erfahren möchtest und werden Personen auf der Veranstaltung sein, die dir dabei von Nutzen sein können?
– Hast du dir verschiedene Smalltalk-Themen zurechtgelegt? Hast du dich in den letzten Tagen ausreichend mit aktuellen Ereignissen auseinandergesetzt bzw. kennst du zum Beispiel die aktuelle Bücherbestsellerliste oder weißt du über die letzten wichtigen Fußballergebnisse Bescheid? Gibt es eine nette Anekdote, auf die du zurückgreifen kannst, wenn das Gespräch absolut keine Fahrt aufnehmen will und du dich dennoch weiterhin mit deinem Gesprächspartner unterhalten möchtest?

– Wie sieht es mit deiner Körpersprache aus? Weißt du wie es sich anfühlt, wenn du aufrecht stehst, deinen Kopf schön gerade hältst und du deine Schulter locker nach hinten fallen lässt? Bist du energiegeladen und strahlst du Selbstbewusstsein aus?

– Hast du noch im Kopf, wie du Fragen am besten formulierst, um ein gemeinsames Gespräch zu ermöglichen, bei dem nicht nur eine Person die ganze Zeit über spricht? Bist du dir darüber im Klaren, wie du deinem Gegenüber signalisierst, dass du aufmerksam bist und gerne zuhörst?

Das kleine ABC des Smalltalks

A wie Aufmerksamkeit

Deinem Gesprächspartner aufmerksam zuzuhören ist eine der wichtigsten Faktoren, wenn du dafür sorgen willst, dass dieser sich in deiner Anwesenheit wohlfühlt und sich somit automatisch gerne mit dir unterhält. Achte also darauf, nicht nur den Eindruck erwecken zu wollen, aufmerksam zu sein, sondern versuche dieses Vorhaben auch wirklich in die Tat umzusetzen, indem du das Gespräch auf Themen längst, die euch beide begeistern.
B wie beruflicher Smalltalk

Vor allem in deinem beruflichen Umfeld wirst du immer wieder Situationen erleben, in denen du dich mit Personen unterhalten musst bzw. willst, die dir bis jetzt noch wenig bekannt sind und über die du somit nicht allzu viel weißt. Halte dir zu diesem Zweck Themen bereit, die dafür geeignet sind, um eine lockere Plauderei zu führen. In den meisten Fällen ist die Fähigkeit zu einem gekonnten Smalltalk nämlich maßgeblich für den beruflichen Erfolg entscheidend.

C wie Chance

Um einen erfolgreichen Smalltalk führen zu können ist der wohl wichtigste Schritt, zunächst die Chance zu ergreifen und sie nicht einfach vorbeigehen zu lassen. Vor allem am Anfang wird es dir wahrscheinlich schwer fallen, solche Chancen richtig einschätzen und erkennen zu können. Dennoch ist es besser, einmal mehr einen Versuch gestartet zu haben, als einmal zu wenig, denn jeder Smalltalk wird dir dabei helfen, deine Fähigkeiten weiter auszubauen.

D wie Durchhaltevermögen

Du hast nun bereits einen wichtigen Schritt getan, um zukünftig mit deinen tollen Smalltalkfähigkeiten überzeugen zu können. Dennoch werden dir immer wieder Menschen begegnen, bei denen du vielleicht keiner deiner Themen anbringen kannst, das Gespräch einfach nur schleppend verläuft und du früher oder später einen Weg finden musst, um den Smalltalk zu beenden. Lasse dich von solchen Ereignissen keinesfalls beirren und übe weiter, denn im entscheidenden Moment wirst du somit mit Sicherheit überzeugen können.

E wie Einfühlungsvermögen

Triffst du auf eine Person, mit der du einen Smalltalk führen willst, die auf dich jedoch äußerst unsicher, nervös und vielleicht auch schüchtern wirkt, zeige Verständnis. Es ist gar nicht so lange her, da wäre es dir vielleicht ganz ähnlich ergangen und nun kannst du zeigen, was für ein einfühlsamer Gesprächspartner du bist.

F wie Fingerspitzengefühl

Fingerspitzengefühl ist beim Smalltalk immer angebracht. Vor allem, wenn einer oder mehrere Gesprächspartner damit beginnen, über eine anwesende oder auch nicht anwesende Person zu lästern und persönliche Dinge über diese auszuplaudern, wird es an der Zeit dich höflich aus der Runde zurückzuziehen oder die anderen darauf hinzuweisen, dass sich die Person, über die gerade gesprochen wird in Wahrheit ja nicht verteidigen kann. So kannst du ganz einfach unter Beweis stellen, dass du weißt, wie du dich zu verhalten hast.

G wie Gemeinsamkeiten

Einer der besten Wege, um mit einer anderen Person ins Gespräch zu kommen und eine nette Plauderei zu führen, ist es gemeinsame Interessen oder auch Hobbys herauszufinden. Auf diese Weise sorgst du nicht nur dafür, dass ihr beide an dem Gespräch teilhaben könnt. Die positive Einstellung zu diesem Thema trägt außerdem dazu bei, dass euch beiden nicht langweilig wird und ihr euch gerne miteinander unterhält.

H wie Halbwahrheiten

Es ist völlig normal, dass du dich vor deinem Gesprächspartner bestmöglich präsentieren willst und die ein oder andere Geschichte vielleicht etwas mehr ausschmückst, als sie in Wirklichkeit war. Achte jedoch unbedingt darauf, beim Smalltalk keine Halbwahrheiten zu verbreiten, die schlussendlich dazu führen könnten, dass du als wenig vertrauenswürdig oder vielleicht sogar als Lügner wahrgenommen werden könntest.

I wie Ich-bezogen

Kaum etwas macht unsympathischer, als eine Person, die nur von sich selbst spricht und den Gesprächspartner erst gar nicht zu Wort kommen lässt. Lege beim Smalltalk darauf Wert, dass du auch die anderen Personen in das Gespräch miteinbeziehst. Das gelingt dir am besten, indem du offene Fragen stellst und du Gesprächsthemen findest, zu denen auch die anderen etwas zu sagen haben.

J wie Ja-Sager

Bei einem Smalltalk geht es meist vor allem darum, zunächst Kontakt zueinander aufzunehmen und anschließend eine gemeinsame Gesprächsbasis zu finden. Zu diesem Zweck wirst du natürlich dein Möglichstes tun, damit sich der andere in deiner Anwesenheit wohl fühlt und sich gerne mit dir austauscht. Das ist jedoch noch lange kein Grund, zu allem Ja und Amen zu sagen, was der andere von sich gibt. Sollten eure Einstellungen allzu weit auseinanderliegen, so teile ihm oder ihr dies ruhig kurz und sachlich mit. So wirst du dich als Person positionieren, die ihre eigenen Standpunkte hat, anderen gegenüber aber dennoch tolerant ist.

K wie Kleiderordnung

Es ist ein Zeichen von Respekt der Veranstaltung gegenüber, wenn du dich dem Event entsprechend anziehst und du die eingeforderte Kleiderordnung auf diese Weise einhältst. Solltest du dir nicht sicher sein, ob es eine Kleidervorschrift gibt oder nicht, frage lieber noch einmal beim Veranstalter nach.

L wie Lobhudelei

Du unterhältst dich gerade mit einer ganz bezaubernden Person und kannst gar nicht anders, als ihr ständig Komplimente zu machen? Denke immer daran: Ein paar Komplimente sind durchaus erlaubt, diese sollten jedoch nicht zu schnell zu persönlich werden und nicht so wirken, als ob du dich einschleimen möchtest. Vor allem bei deinem Vorgesetzten oder Chef solltest du mit allzu viel Lob vorsichtig sein.

M wie miteinander reden

Denke bitte immer daran: Ziel eines Smalltalk ist es, eine nette Unterhaltung zu führen und nicht einfach so lange auf den anderen einzureden, bis dieser sich aus dem Gespräch zurückziehen wird, weil er einfach nichts zu sagen hat. Binde deine Gesprächspartner daher immer wieder in den Smalltalk mit ein und eine nette Unterhaltung wird die Folge sein.

N wie Natürlichkeit

Natürlich willst du dein Gegenüber beim Smalltalk beeindrucken und dafür sorgen, dass er oder sie dich sympathisch findet bzw. dich als äußerst netten Gesprächspartner in Erinnerung behält. Dennoch solltest du dafür sorgen, möglichst authentisch zu wirken und keinesfalls zu gekünstelt, da du damit keinen guten Eindruck hinterlassen wirst.

O wie Offenheit

Versuche beim Smalltalk deinem Gesprächspartner stets mit Offenheit zu begegnen und dir nicht bereits im Vorhinein ein fertiges Bild von diesem zu machen. Natürlich ist der erste Eindruck meist entscheidend dafür, wie wir jemanden wahrnehmen, dieser muss sich jedoch nicht immer bestätigen. Gib deinem Gegenüber daher eine Chance, sich ebenfalls von der besten Seite zu präsentieren und vielleicht wirst du überrascht.

P wie Plan

Auch wenn es sich beim Smalltalk meist um eine völlig spontane und vor allem nicht wirklich planbare Unterhaltung handelt, kannst du dennoch einiges dafür tun um dich auf diesen vorzubereiten. Lege dir zum Beispiel einen Plan zurecht, welche Gesprächseinstiege bei der jeweiligen Veranstaltung besonders gut ankommen könnten und mit wem du dich unbedingt unterhalten möchtest.

Q wie Querele

Denke bitte immer daran, dass ein Smalltalk dazu gedacht ist, um sich nett miteinander zu unterhalten und keinesfalls alle Probleme der Welt auf einmal zu besprechen. Vor allem von sensiblen Themen wie zum Beispiel Politik, Religion oder auch sehr persönliche Dinge, die leicht zu kleinen Streitereien führen können, gilt es Abstand zu halten. Ansonsten kann sich ein kleiner Smalltalk schnell zu einer Auseinandersetzung entwickeln und das sollte nicht dein Ziel sein.

R wie Rolle

Vielleicht willst du dich bei einer besonderen Veranstaltung als außergewöhnlich cool präsentieren, deine berufliche Professionalität unter Beweis stellen oder auch demonstrieren, was für eine tolle Person du bist. Dabei ist es jedoch wichtig, keine Rolle zu spielen. Dies wird in den meisten Fällen nämlich nur dazu führen, dass dich der andere nicht mehr als authentisch wahr nimmt und der Smalltalk anstrengend wird.

S wie Stimme

Ein besonders wichtiger Faktor, ob wir beim Smalltalk überzeugen können oder nicht ist unsere Stimme. Achte daher unbedingt darauf, wie deine Stimme auf andere wirkt und nimm dich zum Beispiel mit einem kleinen Diktiergerät auf, um zu erfahren, wie du dich selbst anhörst und woran du vielleicht noch arbeiten kannst.

T wie Themenwechsel

Ein Themenwechsel kann in vielen Fällen die einzige Chance sein, um einen Smalltalk so richtig in Gang zu bringen oder vielleicht dafür Sorge zu tragen, dass man mit seinem Gegenüber doch noch eine gemeinsame Gesprächsebene findet. Scheue dich daher keinesfalls davor, in einer kurzen Sprechpause das Thema zu wechseln, wenn du das Gefühl hast, dass das aktuelle Thema jemandem unangenehm ist oder es einfach nicht für euch passt.

U wie Umgebung

Versuche die Umgebung, in der du dich gerade befindest und Smalltalk führst, unbedingt bewusst wahrzunehmen und in deine Unterhaltung zu integrieren. Auf diese Weise findest du vielleicht doch noch ein Gesprächsthema, wenn dir ansonsten absolut nichts mehr einfällt und du wirst als aufmerksamer und eloquenter Gesprächspartner wahrgenommen werden.

V wie Verbindung

Eine Verbindung zum Gesprächspartner herzustellen wird wohl die wichtigste Aufgabe sein, die du dir in einem Smalltalk auferlegen kannst. Manchmal wird dies ganz natürlich passieren, manchmal jedoch eine echte Herausforderung sein. Lasse dich davon nicht abschrecken und versuche es mit unseren Tipps.

W wie Wahrnehmung

Es kann durchaus passieren, dass du kurz vor dem Smalltalk sehr nervös wirst und du dir nicht sicher bist, ob du dich dieser Situationen wirklich aussetzen willst. Ist das der Fall wird es an der Zeit, kurz tief durch zu atmen, deinen Körper wahrzunehmen und Selbstbewusstsein auszustrahlen – schon kann es losgehen.

X wie X-fache Übung

Üben, üben und nochmals üben: Das ist das Geheimnis, damit du ein echter Smalltalkprofi werden kannst. Auch wenn es einige Zeit in Anspruch nimmt wirst du sehen, dass der Aufwand wert ist.

Y wie Yes

Sage Ja zu deinen Chancen und nutze sie. Im Alltag wirst du von nun an ständig Situationen erleben, in denen du Smalltalk führen kannst und somit deine Fähigkeiten immer mehr verbessern wirst.

Z wie Zuhören

Das größte Geheimnis eines erfolgreichen Smalltalks haben wir bis zum Schluss für dich aufgehoben und es heißt: zuhören. Um dich als wirklich guter Gesprächspartner zu positionieren, ist es entscheidend deinem Gegenüber zuzuhören und ihm das Gefühl zu geben, dass er ein äußerst interessanter Gesprächspartner ist.

Index

Printed in Germany
by Amazon Distribution
GmbH, Leipzig

19340947R00141